デンマーク流
ティーンの育て方

イーベン・ディシング・サンダール
Iben Dissing Sandahl
鹿田昌美 訳
Shikata Masami

a pilot of wisdom

アイダとジュリーへ

あなたたちは、最高に美しく輝く星です。愛を与え、私のなかのシャドウ〔闇〕を引き出してくれたから、今の私がいます。心が感謝で満たされています。あなたたちと深く関わってこられたことに。そして、活発で個性豊かな自立した女性になったのを見せてもらえることに。ありのままのすべてを愛しています。

謝辞

夫モーテンに、今回の本の執筆でも最大限にサポートしてくれたことを感謝します――そして、共に歩む人生のあらゆる場面で、常に私の支えになってくれていることに。あなたを愛しています。愛する娘、アイダとジュリーにも感謝。私が成熟した人間になるための旅において、2人が素晴らしい教育者となってくれています。ティーンエイジャーについての意見と視点を提供してくれ、公私における知恵と洞察力の源になってくれてありがとう。同様の感謝を、フレデリック・ウッツォン・ハリスに。若者の人生について、男性側からのニュアンスや提案や具体例を示してくれ、ジュリーを最高に美しく包容力のある心で愛してくれています。ソウルメイトのキャスリン・クリステンセンには、鹿公園《ディアヘーベ》での意義深い会話を含むすべてのやりとりに、心からの感謝を捧《ささ》げます。この対話とあなたの導きがなければ、私がとうに消してしまっていた数々の星や自分自身を深く理解することはできませんでした。特別な感謝の気持ちを、母と父にも贈ります。2人がいなければ、今の自分はここにいません。両親が与えてくれた人生と大切な価値観が、私の母親としての人生を形作りました。エディターのジュリアン・ヤングは、私を心から信頼してくれました――世界中の親のため、この本へ命を与えてくれたことに感謝します。

そしてもちろん、ご自身のストーリーによって私にインスピレーションを与えてくれる読者とフォロワーの皆さんにも、日々支えて下さり、私の言葉が人生に影響を与えたと伝えて下さり、愛情と励ましを与えて下さることに、心からの感謝を捧げます。

目次

第二章　リフレーミング（視点を変える）――

遊びを再定義する
家事が遊びになる
デジタルとの共存
勇気を育む

第五章　人格形成

デンマークの「エフタースコーレ」

大人の予行演習
現代のティーンの悩み
設立の経緯
人格形成
親が手放すこと

安くはない費用
日々の生活を人格形成の場に
評判が世界へ

第六章　絆を作る

社会的言語を理解する

変わりゆく景色
コミュニケーションを学ぶ
友情の難しさ
5つの愛の言葉
ティーンの恋愛
失恋を経験する

第七章　自分らしさ

私は誰？

あなたの身体は美しい
ニキビが気になる
生理のこと
声変わり
インクルージョン
セクシュアリティ
ポルノが教えてくれること

飲酒に関する事実とデータ
薬物
周囲の環境が「基準」を作る
思い出を集めて
変わりゆく文化
妥協点を見つける

第十章　共感力

最大の恐怖は拒絶ではなく、「透明人間」になること

同じだけど違う
プライドと誇り
ホルモンクラッシュ

終　章

目次レイアウト／MOTHER

イントロダクション

ずいぶん前から、いつかこの本を書こうと思っていた。今がそのタイミングなのだと思う。

私には、かねてからの夢があった。それは、ティーンエイジャーを育てている親に「希望」と「信じる心」を伝えたい、ということ。10代のわが子との時間には、イライラと絶望だけではなく、はるかにたくさんの経験が味わえる。そのことを、皆さんに知ってもらいたいのだ。

私の名前はイーベン・ディシング・サンダール。2人の素晴らしい娘、22歳のアイダと19歳のジュリーの母親だ。職業は教師と心理療法士で、世界一幸せな人が住むデンマークで生まれ育った。社会人になってからは、精神科や数々の学校において、また、集団犯罪や非行に走る子どもを扱う家族カウンセラーとして、常に子どもと若者に関わってきた。この15年間は、治療クリニックを開業し、国内外の子どもや家族の相談を受けている。また国外での仕事として、デンマークの子育て哲学を紹介し、子どもと若者の幸福を促進する数々のプロジェクトに参加している。夫はモーテンで、ヴェガと名づけた愛らしい犬を飼っている。私自身、子育ての早い段階で目からうろこが落ちる経験をしたおかげで、ティーンを育てる恐怖そして心配ごとや難題が、好奇心を持ち前向きな心で見守る気持ちへと様変わりした。そのことを、皆さんにお伝えしたいと思う。

デンマークが40年以上にわたって、ＯＥＣＤにより世界一幸福な国に選ばれているという事実を、多くのデンマーク人は不思議に思っている。自分たちの現実の姿を冷静に見ているので、世界一幸せというのは、少し大げさだと感じているのだ。それでもＯＥＣＤはデンマークを選び続けている。複数の研究によると、私たちは遺伝子的に幸福になりやすい気質なのだそうだ。ある研究によると、デンマークの遺伝子構成に近い国ほど、幸福度が高いという。最近はフィンランドに1位の座を譲り、現在デンマークは2位だ。もちろん、ある国を世界一幸福だと決定するためには、多くの指標が考慮されるはずだ。しかし「育ち方」という項目については検討されておらず、私はそのことに驚かされた。なぜなら、誰でも、自己理解や規範や価値観の枠組みを形成するための共通する基盤を持っているはずだから。幼少期、そして人格形成の時期という、すべての人にとっての出発点を差し置いて、人が作られる時期だと胸を張って言える時期はあるだろうか？　私には思いつかない。

２０１６年に、ジェシカ・ジョエル・アレキサンダーとの共著"The Danish Way of Parenting"（『デンマークの親は子どもを褒めない　世界一幸せな国が実践する「折れない」子どもの育て方』鹿田昌美訳、集英社、2017年〕を出版し、子育てが、その人が生まれ持った価値観に影響を受け、その価値観が自信と能力がある子どもを育て、その子どもが幸せな大人へと成長する、というサイクルがくり返される仕組みについて説明した。32か国語で刊行されたこの本では、「デンマーク流の子育ての6つのキーワード」を次のように紹介している。

- **Play 遊ぶ**：発育とウェルビーイング〔心身および社会的な健康〕の基盤
- **Authenticity ありのままを見る**：信頼感と「心の羅針盤」を育む
- **Reframing 視点を変える**：子どもが失敗に対処し、よい部分に目を向けられるようになる
- **Empathy 共感力**：他者を思いやって行動するために必要な力
- **No Ultimatums 叩《たた》かない**：権力争いや恨みがない
- **Togetherness 仲間と心地よくつながる**〔ヒュッゲ〕：特別なイベントでも日常でも、家族の時間を大切にする

こんな当たり前の特徴でよいのだろうかと、最初は懐疑的だった。こうした子育ては私にとって、そしてほとんどのデンマーク人にとって当たり前のことなので、よその国とは違う、特

別なことだとは思っていなかったからだ。でも、改めて自分の子ども時代を形作ったものを掘り下げてみると、私の両親が「自由に遊ばせること」と「ありのままを認めること」を優先して、「共感」しながら前向きに接し、たくさんの「ヒュッゲ」〔本書138ページを参照〕を楽しませてくれた幸せな過去を思い出した。もちろん共著では、大小の明らかな違いについて、できる限りの説明をした。そして刊行後に、世界中の親と祖父母と教育者から、驚くほど前向きな反応をいただき、想像もしていなかった評価の高さに感激してしまった。私はあらゆる地域に出向いて、会議やサミットや教育機関向けに、デンマークの子育て哲学についての講演を行い、ありがたいことに、話を聴きに来てくれる人たちとの出会いの機会に恵まれた。そして、ゆっくりと確信するようになった。デンマークは理想郷ではないけれど、私たちのやり方は正しいに違いない、と。私自身がその違いを理解して、自分の構想を本当の意味で受け入れはじめた。

今、心を開いて伸び伸びと話ができる段階に来ているからこそ、幼少期やティーンの頃、大人として、配偶者として、母親として、職業人としてのプライベートな経験を、皆さんと共有したいと思っている。謙虚な気持ちで、そして自分がデンマークの子育ての価値観を代表する立場となったことを理解した上で、私が常に大切にしてきた価値観をお伝えしたい。

世界をもっとよい場所にしたい、というのが、私の壮大な望みだ。すべての子どもの人生に前向きな心と愛をもたらし、「あなたはそのままの自分で愛される」と教えたい。そのためには、大人が子どものニーズにもっと寄り添い、手を貸す必要がある。だから私は、親や養育者や施設に働きかけている。そのプロセス全体が、私の目的を何よりも美しく体現できるからだ。

まだ手を離してはいけない

多くの親が、子どもがティーンになったら、もはやできることは何もない、と思っている――手に負えなくなり、影響を与えることはできないのだと。一般論として、メディアや大人たちの間で使われ、私たちの物語に組み込まれ、文化のなかで賛同されている「ティーンエイジャー」にまつわる用語は、ネガティブで批判的だ。ティーンのわが子との関係に難しさを感じている親は、悪い行動は10代の若者独特の個人的な反抗だと思い込んでいる。

子どもは幼い頃に、環境に応じた社会規範やルールや価値観を学ぶ。どのような伝統や行動が重んじられ、人生のどこに価値観を置いて楽しむのか、といったことだ。ティーンになると、今度は自身の枠組みのなかで自分のアイデンティティを見つける必要がある。責任のある大人になる過程で、どのルールや社会規範や価値観を取り入れるかを判断しなければならないのだ。そのためには、じっくりと検討し、かみ砕いて、吐き出す、という一連の作業が必要だ。言うまでもないことだが、その一連の作業が、親から見れば行儀がいいとは限らない。ティーンの行動は、必ずしも親の望みに背くためではない。本当の自分らしさを探し、アイデンティティを確立するためのものなのだ。

デンマークでは、ティーンのわが子や近所の子どもについて話すときに、「手が届かない」という表現を使う。やりたいことしかやらない、どんどん自主性を身につけてゆく「開拓者」だ。だらだらと怠けて、意欲に欠ける。目上の人への敬意がなく、お酒やタバコにふけり、規律ある生活ができない……。そういったレッテルを全員に貼るのは、かなり乱暴だと私は思う。わが子はまだ成長の途中であり、人生について学んでいる最中なのだ。ティーン世代は、進化中で感受性が強い。だから、親にとって大切なのは、「新しい視点でわが子を見つめ、わが子について語り、わが子と共に話をする」ことだ。言葉選びは重要だ。ティーンの自己肯定感に大きな影響を及ぼす可能性がある。私たち親は、わが子がレジリエンス〔回復力〕のある若者になるのを助けたいと思っているのに、非難したり否定的なレッテルを貼ったりしてしまう。それは公平でもないし、理にかなったやり方でもない。なぜなら、彼らは少なくとも部分的には、家庭内で親や保護者に示されたやり方で行動しているからだ。

子どもがティーンになったら、親は腰を下ろしてふんぞり返り、満足していればいい、という人もいる。この時点で、おおかたの仕事は終わっているからだ。この意見に、私は賛成でも不賛成でもある。ティーンは大人から距離を置き、ルールや価値観や境界線に挑もうとしている——これは健康的な行いであり、自立するために必要なことだ。そういった場合は、親はソファでゆったり構えていてＯＫだ。私は娘たちを自分そっくりの複製にしようなどとは望んでもいない。それでは、娘たちの成長の最も大切な部分が抜け落ちてしまうことになる。子どもにとって重要な時期だからこそ、親自身がなんとなく安心感を得るためにあらゆることに干渉するのではなく、コントロールの手を緩めることが大切だ。そうすることで、子どもは自分探しができる。それがティーンの成長のすべてだと言ってもいい。それなのに、親のニーズが子どものニーズよりも重要視されていないだろうか。

「ティーンは放っておいて、自分で対処させればいい」という意見には不賛成だ。なぜならティーンは引き続き、親の注目や導きやサポートを必要とするからだ。ただし親は、今までとやり方を変えなければいけない。難しいのは、どの方向に行くのかを子ども自身がまだわかっていない、というところ。間違えるだろうし、悲しみや浮き沈みを経験するだろう。だからこそ、親の見守りが絶対に必要であり、親が安全地帯になることが求められる。

完全に手を離してはいけない。これからも、背後に控える重要人物として、自己を確立しようと試行錯誤するティーンをいつでも抱きとめてサポートできるようにしておこう。今まで以上に必要とされる、とまでは言わないが、少なくとも、幼い頃と同じほどには必要とされる存在だ。私に言わせれば、思春期に入ると親の見守りを必要としなくなる、というのはまったくの誤解だ。心が揺らいだときには、親の強固な支えを必要としているし、そんなときこそ、こう伝えてあげてほしい。

「あなたには私がいる。あなたは大丈夫。今は経験から学んでいる最中だ」

親のあなたが、優先順位や価値観を冷静に示してあげれば、自分の裁量で選択や決断をするための力や余裕を子どもに与えることになる。人生で最も傷つきやすい時期に完全にひとりにしてしまったら、永遠に絆《きずな》を失ってしまうリスクがある。ティーンは親を必要としているし、親と密接につながっているという感覚を必要としている。べったりと依存するのではなく、ケアとサポートが必要なときに、あなたに近くにいてほしいのだ。

自分の親とは違う子育て

私が母親になったとき、はじめのうちは、「自分の親とは違った子育てがしたい」と願っていることに気づいていなかった。多くの点で、私の子ども時代は良好だった。愛情あふれる幸せで健康的で安全な環境で、両親に見守られて育った。でも、でこぼこした部分もあった。時々愛されていないように感じていた。今でもまだ、傷ついた気持ちや物足りなさを覚えている。物心ついた頃からずっと、心の健康に向き合う内なる旅を続けてきた。熱心に戦略を立て、カウンセリングに通った。そして自分が親になると、できる限り「最高の母親」になるために、心の内をさらに深く覗《のぞ》き込んだ。

親とは違うやり方をしたいと決心するのと、意識的に行動に移せることは、まったく別の話だ。決心したからといって、実践できるわけではない。まったく思いがけない形で、トリガー〔記憶を呼び起こすスイッチ〕に引っかかったり、自分の気持ちを投影してしまったり、いらだちがわいてきたりする。考える時間を持たないまま、わが子を責めたり辱めたりしてしまう。トリガーを感じさせる何かを身体《からだ》が感知して、たいていは無意識のうちに、愛されなかった記憶がよみがえり、抑圧していた感情がわき上がるのだ。ロボットでない限り、誰でも時々こういう経験をする。私は幼少期やティーンの頃に感じたことをくり返し思い出した。そこで、自分のことを見てもらえなかったり、気づいてもらえなかったりしたことを丁寧に見直していった。娘たちには成長の過程で自分と同じ経験をしてほしくないし、母親である私が過去に向き合った感情に対峙《たいじ》してほしくない。だから、私は多くのことについて違ったやり方で子育てを行おうと決めた。

その際に私を救ってくれたのが、ずいぶん前に仕事仲間がくれた素敵な助言だった。

「心配しないで！　おもしろくてワクワクするから。あなたが子育てに注いできたツールのいくつかを、ティーンの子どもたちが身につけて活用するのを目の当たりにできるって、とても豊かでステキなことだと思わない？　この時期を楽しく乗りこなして！」

根底にあった、ティーンの母親になることへの恐れが、たちまちひっくり返った。私は新しい眼鏡をかけて周りを見るようになり、そのおかげですっかり取り組み方が変わった。子どもやティーンを見守って、話に耳を傾ける能力が得られた。「何を恐れることがあるの？」と思えたからだ。もちろん、困難や苦しい時期が消えるわけではない。これからもそういった経験は必ずあるが、それもまた人生がくれる贈り物なのだ。ティーンのわが子と話がしたい、一緒に過ごしたいと、あなたが心から望むなら、子育てに関する心配ごとをあえていくつか手放すことだ。幸いなことに、不安の多くは、たいていは杞憂《きゆう》なのだ。

大人の一歩手前

私のティーンエイジャーの定義はシンプルで、13歳から19歳までの若者のことだ。ちなみに「トゥイーン（tweens）」という用語は少しあいまいで、私が知っている限り、正式な定義はない。トゥイーンは、まさにティーンと同じく、変化の過渡期にあると考えられている。トゥイーン期の年齢には少しばらつきがあるが、多くの場合、8歳から12歳だとされる。徐々に自立し、個性を育み、成熟へと向かい、典型的なティーンのようにふるまいはじめる年齢だ。トゥイーンはピーター・パンとの共通点が多いように思う。ピーター・パンは周囲からの「大人」になりなさいという重圧を感じつつ、心の底では、そのことに納得しておらず、準備もできていなかった。

デンマークでは「プリ・ティーン（pre-teens）」という用語が、子どもが親の指示を聞かなくなり、反抗的にふるまうようになったことを表現するときに、少し皮肉をこめて使われることが多く、「トゥイーン」はあまり使われない。本書では、ティーンとトゥイーンとプリ・ティーンを細かく区別しないことにした。私のメッセージは、思春期の子どもの一般的な身体と心の変化を経験する親に向けたものであり、個人的にはあまり年齢にこだわっていない。現代では多くの子どもが13歳になる前に二次性徴を迎えていることもあり、本書を、要点を書き連ねたガイドブックというよりも、私の子育ての原点を生き方のひとつとして理解していただければと思う。

本書で伝えたいこと

何をするときも、常に私のやる気の源となるのが、新しい知識という贈り物が手に入るということだ。好奇心旺盛、読んだり勉強したりするのが大好き、というのが私の本質なのだ。自分が関わってきた書籍や講座、スピーチやプロジェクトによって、少しずつ成長し、よりバランスの取れた自分へと進化できているように思う。もちろん道の途中ではあるが、人として成熟するために前進しているように感じている。著書を読んでくれた方や私のウェブサイトの会員の皆さん、オンライン講座を受講してくれた方は、私の生き方自体が、私自身の成長に影響を及ぼしていることに気づくだろう。経験していないことは書けない性分なのだ。まさにそれが、幸せなティーンを育てる本が今ここにある理由だ。ティーンのわが子たちは今、美しい大人へと成長しつつある。私はすぐそばで、さまざまな困難と恵みをじかに感じてきた。「2人の娘との間にかけがえのない美しい絆がある」と言えることを誇らしく、ありがたいと思う。

本書では、性別を特定する用語を使うことがあるが、誰かに対する敬意を欠いた表現ではないことをお伝えしておきたい。すべての人の性自認が一様だとは考えていないので、一般的な用語としてなるべく「ティーン」「子ども」「思春期」を使うようにした。もうひとつ、本書は、治療法や家族の専門的なカウンセリングの本ではないことをお断りしておきたい。もしもあなたが、治療が必要な問題を抱えている場合は、しかるべき施設での専門家の支援を求めてほしい。この本では、私自身の人生経験についてお伝えしながら、さらに重要な、デンマークの親たちが、ティーンエイジャーの親としてさまざまな局面にどう対処しているのかを紹介している。デンマーク流の「健やかで自立し、自信にあふれ個性豊かなティーンエイジャーの育て方」だ。
前回の共著で紹介した「デンマーク流子育ての6つのキーワード」は、ティーンとの生活においても大切なので、再び解説する。そして、子どもから大人への移行期の楽しさを説明するために、新たに次の4つのキーワードを追加した。

- Trust　信頼：もっと幸せで心配の少ない生活を送るための基盤
- Formation　人格形成：自主性を持ち、教養と見抜く力のある人間になる
- Uniqueness　自分らしさ：自分を愛し、自分の「アイデンティティ」を確立する
- Freedom with responsibility　責任をともなう自由：デンマークの飲酒文化からヒントを得る

人生を明るく照らしてくれるティーンエイジャーとの生活と、手間がかかるが報われる美しい経験の数々を、あなたにお伝えできるのを嬉《うれ》しく思っている。

愛と感謝をこめて
イーベン・ディシング・サンダール

＊訳注及びそれに類するものについては〔　〕でくくった。なお、文中で言及したデータや引用文献の出典は注釈に示した。

第一章　ありのままを見る

子どもから大人へと移り変わる時期

ティーン世代は、たくさん変化しながら、その過程で、傷つきやすい素のままの自分をさらけ出す年頃だ。敏感な時期なので、ティーンは内面の安らぎとバランスを求めながらも、なかなか目指すところに到達できない。内面で起きていることを考えると、到達するのは非現実的かもしれない。多様性に満ちた不確実な世界に直面し、周囲から大きな期待を寄せられているのだから、なおのことだ。

そこで私たち親が、ティーンのわが子が行動を通じて伝えてくるメッセージに意識を向けると同時に、親自身の心の動きについても正直かつ現実的に理解できるとしたら、どうだろう。親は自身とわが子への期待値を下げつつ、この時期の子どもをうまくサポートすることができるのではないか。さらには、親としても成長し、子どもが自力で開花するのをもっと上手に見守ることができるのではないか。

「ありのままを見る」ことは、本当の自分自身とつながっている感覚であり、他人と深いレベルでつながる能力を持つこと。自分の人生を開花させる信念や価値観に従うこと。

新しい変化の時期

一般的に、女子は10歳前後、男子は11歳か12歳前後で思春期を迎える。ただし個人差があり、遺伝子的な要因もある。身体がどのように思春期という時期を知るのかは、はっきりと解明されていないが、わかっているのは、最初のシグナルが脳から発せられるということだ。脳下垂体（目の奥にある豆粒大の小さな器官）が、血流を介して卵巣や睾丸《こうがん》にホルモンを送り、性ホルモンを刺激する。女性ホルモンや男性ホルモンとして知られるエストロゲンとテストステロンだ。これにより、女子の場合は、はじめに乳房と子宮が発達する。男子の最初の兆候は、睾丸の発達だ。もちろん、発育にはばらつきがあるが、男子も女子も、テストステロンの生成が増えるために、陰毛が生え、汗臭くなる。女子は、より女性らしい脂肪分布となり、腰まわりに脂肪がつきやすくなる。テストステロンにより筋肉量も増えるが、男子ほどではない。男子は声変わりが始まる。まさにこの時期に、子どもの身体が大人の身体へと移り変わるのだ。

　個人差がさらに広がるのも、この時期だ。背が伸びる子、低いままの子。毛がたくさん生える子、少しだけの子。自分の身体になじめる子、違和感がある子。多くのティーンエイジャーにとって、不安と自己批判にさらされる時期であることは間違いない。

　以前よりも思春期を早く迎える子どもが増えていることが、多くの例から示されている。これは思春期早発症と呼ばれ、女子はわずか8歳で月経が始まったり、男子は早ければ9歳頃から思春期を迎えることもある。理由についてはいくつかの説があり、肥満や不健康な生活習慣、病気、環境内の化学物質などが指摘されている。これが懸念事項であるのは確かだ。というのも、子どもである時期が大幅に減少すれば、思春期がもたらす多くの試練に備える貴重な時間が減ってしまうからだ。

子どもは迷っている

　私がティーンだった頃に比べて、今のティーンは、かなりあけすけにセクシュアリティやアイデンティティや感情についての知識や対話を求める。昔よりも、身体や気持ちや一線の引き方について話題にするのが、当たり前になった。これはよい傾向だ。でも、不安感や最も傷つきやすい思いについては、他の多くのことのようにオープンにすることなく、自分の中に抱えこんでいるように思う。


「私は十分に美しい？」

「他の人と比べて変わっていない？」

「なぜ、片方のおっぱいしか大きくならないの？」

「どういう状態になったら、『あれ』をしてもいいの？」

「ポルノの動画で見たようなことをするには、どうすればいいの？」


こういった疑問についてグーグルで検索することはできるが、ティーンに提示される答えが、健全な選別プロセスを経ているという保証はない。インターネットは、役に立つよりも、混乱させ、疑念を膨らませ、実情に合わない期待をさせる危険をはらんでいる。私が思い出すのは、10年ほど前に、娘の友人たちが、近所のショッピングモールに入っている店をネット検索していたときのことだ。ティーン向けの服を販売している店の名前は「バッドガールズ（Bad Girls）」だった。ご存じのとおり、オンラインで「Bad Girls」を検索すると、危うい画像や動画が大量に現れる。かわいそうに、少女たちは驚いて怖がってしまい、これをきっかけに、学校と保護者たちは、インターネットについての有益なガイドラインを全員に周知するべく、多くの働きかけを行った。

インターネットはバイキング形式の食事のようなものだ。レシピや材料についての知識がないまま、誰でもあらゆる品を少しずつ味見できる。完璧なボディやたくましい筋肉、不安のない幸せな人生を垣間《かいま》見ることはできるが、深みも、暗部も、心の内でひっそりと消えてしまった光も、知ることはないのだ。

インターネットには、よい面も悪い面もある。ティーン世代は「お試し」をしながら自分探しをするからだ。しかし、ティーンのわが子が扱うには、インターネットのデータは膨大であり規制ができないので、親は危なっかしく感じざるを得ない。

だから親の出番が必要になる。子どもの選択に親が何らかの方向性を定めることが重要なのだ。子どものコンパスは、まだ東西南北を見つけていない。子どもは、人生の道を見つける必要があるのと同じぐらい、しっかりした道徳観や期待という枠組みを作ってくれる人のことも必要としているのだ。

私はよく、信じる・信じないの判断基準がわかりやすい人だと言われる。私の話は、仰々しくて道徳的すぎるときもあるし、意図せずに、人の痛い所を突いてしまったこともある。それでも私は、常に自分の内にある「道徳のコンパス」を頼りにしていて、それに導かれて人生を送ってきた。私のコンパスは、個性や人格に加えて、父と母からの影響も受けている。父と母の経験談や人としての在り方、よい態度や倫理観をわかりやすく実践で示してくれたこと、そして、私という宇宙に存在する、私の空を彩る「星たち」に輝きを与えてくれたことが、私のコンパスを形作ってきたのだ。

私は時々、自分のなかで葛藤している。娘たちと話をするとき、道徳的な話をしたり、指摘をしたりはしたくない。自分の力で人生に向き合い、経験を得る必要があると強く信じているからだ。私には、娘たちが選ぶ道はわからない。だから私は口を閉じるか短く話をするにとどめて、子どもたちが自分にとって有意義で重要なものを認識していく自由を得ながらも、家族の倫理観や価値観を頼りにしてくれることを願っている。

バランスの取り方が難しいこともある。私は、自分の感情が善悪に左右されやすいと自覚している。メンタルの安定の具合が、今後を予測できるかどうかに影響を受けるのだ。だから、状況を把握できる立場でありたいと思ってしまう。本当は、ありのままを見て受け入れることに意識を集中するべきなのだ。そうすることで、未知のことにも軽やかな気持ちで応じられる。するとたんに、娘たちが心を開いて真正面から人生を決めようとするさまに、愛情と慈しみしか感じなくなる。娘たちは、私を介さずにオンラインや友人から答えを得ることもある。家だと安心できるからと、たずねにくい質問を思い切って私にたずねることもある。家庭内での健全な基準を設けることで、娘たちがどちらも選べるようにしてあげたいと思っている。

信頼できるコミュニケーション

私は、わが子を批判せずに誠実に対話することも、繊細な時期を支え助けることも可能だと信じている。時には私がしくじって、娘たちに（比喩的に言えば）かみついてしまうこともある。悪気があってのことではない。わが子に接するときは、好奇心を持ち、最大限に受容することを心がけているし、わが子の人生に熱心に関わろうという気持ちで、娘たちの考え方や意見の正当性に敬意を払いながら話している。そして、娘たちが話したそうなときは、いつでも耳を傾ける。これがうまくいくときもあれば、いかないときもある。

長女のアイダがティーンエイジャーになったばかりの頃、就寝後に私の部屋に来ることが何年も続いた。ブランケットにもぐり込んで、答えが欲しいあらゆる質問をし、心の安らぎを得てからようやく眠りについた。壮大な質問もあった。信仰や神様、死、愛情、嫉妬、怒り、夢、性的な思考の芽生え、身体の変化――今後どんな大人になっていくのかに関わる、心の内と社会生活から拾い上げたあらゆる疑問を、私に投げかけてきた。私は耳を傾けて、どうしてそんな考えを持ったのか、どんな気持ちで話を持ちかけたのかに、意識を集中した。アイダは答えを求めていたり、見解を知りたかったりするときもあれば、自分がまったく正常であり、何も心配しなくていいという安心感を求めているときもあった。

あの時間は特別だった。私たちは無条件につながることができたし、娘が尊い考えを分かち合ってくれたことに、感謝以上のものを感じた。とっくに寝ているはずの時間であっても、抱きしめて歓迎した。深い信頼を寄せてくれたことに、心がとろけそうになった。娘がどこよりも安全な場所だと感じて打ち明けてくれたことが、嬉しかった。自分が大きな影響を与えているという実感があった。

私自身は、父や母と、ティーンとして成熟する過程で身体と心に起きていることについて、かしこまって形式的な会話をした覚えがない。両親は、例を挙げて教えてくれたり、何かが起きたときに自然な流れで話をしてくれたりした。父親に、妊娠、中絶、避妊や思春期全般について、具体的なあれこれを質問したこともあった。父親は耳を傾け、真面目に正確な答えを出し、私を変だと咎《とが》めたり、質問を心のなかで笑っているそぶりを見せたりすることは決してなかった。大人になった今、青くさくて恥ずかしい質問をからかわれて傷つけられることがなく、真剣に受け止めてもらえたことが、どれほど自分にとって重要だったのかと思う。当時の会話を覚えているのは、父が優しくいたわるように寄り添ってくれたからだ。私は、わが子に対しても同じような余裕を持って接したいと思った。母も同様の接し方をしてくれたので、私は母とも親密な話をたくさん共有した。

感情と身体、そして一線の引き方についてのテーマは、信頼できる人と安心・安全な環境で話すと、疑念と不安が軽減され、ティーンの自己肯定感が強化される。「当たり前で自然であるべきこと」の定義は人それぞれだが、対話によって、自分にとっての「当たり前」が自然なのだと認識できるのだ。「当たり前で自然であるべきこと」の定義は、常に変化してゆくものなので、誰でも自分が定めた枠内に収まることができる。はみ出さなくていいのだ。これは素敵なことではないだろうか？

この類いの話をすると思うだけで心がざわつくかもしれない。そんな人は、「ティーンのわが子の成長に必要な、ごく自然なこと」と考えよう。数学の課題を辛抱強く手伝ったり、暗闇《くらやみ》を歩くのが怖いという話を聞いてあげたりするのと同じだ。ティーンは、あなたの対処法を真似《ま ね》るだろう。小さかったわが子が泣いたときと同じように、真正面から受け止めれば——思いやりと存在感と大きな視点を持って——それだけで大丈夫だ。コツとしては、あなた自身の経験談や逸話を省くこと。ティーンのお子さんは、気まずい状況にいた親の姿を想像する必要がなくなり、話すべきことをオープンに話せるようになる。例を出すときは親以外や遠い友人の例を使い、子どもには、「親に話したくないことは無理に言わなくていい」と伝えよう。常に優先すべきなのは、子どもの「境界線」を尊重することだ。あなた自身が自然に話しづらいことがあれば、その理由を考えることで、親の役割についてのヒントが得られるかもしれない。誰もが独自の物語や価値観を持っている。正真正銘の自分らしさを見つけるのは、価値のある大切なことだ。

揺れる感情に付き合う

多くの親は、ティーンのわが子の気分が変わりやすく、カッとしやすいことに気づくだろう。体内のホルモンが変化し、感情の波が押し寄せるのを経験したときに、ティーンは新しい世界に出会う。子どもの頃の依存心と大人の責任感のはざまで揺れている時期なので、自分の激しい感情の変化に対処するのが難しい。気分の揺れは、すべてのティーンに起こることであり、成長する上で欠かせない変化のひとつだ。男子は10代の一時期だけだが、女性は月経周期があるので人生の大半にわたって気分の変動と付き合うことになる。年齢を重ねるにつれ、感情を上手にコントロールするコツがわかってくる。心のぶつかり合いが鎮まり、一般的には、自分の怒りをうまく扱う方法を学習するようになる。

気分が変動する理由は脳にある。脳内では人生に二度、重大な「再配線」が行われ、一度目は生後数年間であり、二度目が思春期なのだ。生まれた赤ちゃんは、感覚と運動をつかさどる脳の後方領域に、髄鞘《ずいしょう》形成（基本的には神経の絶縁プロセス）が起こる。1年後、赤ちゃんは立ち上がったり歩いたりしはじめる。思春期には、この絶縁体が発達して、脳の前頭葉の神経が枝分かれする。認知能力、共感力、意識をつかさどるのが、この前頭葉だ。脳が再構築され、これらの領域に多くの新しい神経細胞の接続ができることで、ティーンは他人の立場でものごとを考えるのが上手になっていく。脳が成熟するからといって、思春期のティーンの共感力が突然増すわけではない。実際には、あまりにも多くの変化を経験する時期なので、他者に共感するのがかなり難しいこともある。感情の発達が完了するのは、女子は20歳前後、男子は22歳前後だ。とりわけ若い男性は、恐れ知らずになる一方で、リスクを過小評価したり、とんでもない判断を下したりする傾向がある。その理由の大半は単に、脳がまだ完全に発達していないからなのだ。

気分の揺れを扱うのは、ティーンにとって手ごわいことだ——そして親にとっても。時には人との対立が生じ、それが気分の変動によって拡大することもある。しかし重要なのは、ティーンのわが子が笑っていたのに突然泣き出したり、怒鳴っていたと思いきや黙り込んだりしたときに、親がいかに対処するかである。ティーンのわが子の身体には「90秒の化学プロセス」が起こることを覚えておこう（それ以降に感情的な反応が残るとしたら、たいていは無意識のうちに、その感情を維持することを自ら選んでいる）。自分にとって不快なものごとが起きたことを脳が感知し、身体中に「警戒モード」が発令され、90秒のうちに、化学物質が身体全体に流れるのだ。ティーンは90秒の間、この感覚を持ち続けることになる。子どもが、その後も恐れや怒りやいらだちなどを感じ続けている場合は、同じ思考が脳の回路を刺激して、心理的な反応が何度もくり返し起きてしまっている状態なので、その思考と向き合う手助けをするといいだろう。

それ以外のケースで、不機嫌なティーンのわが子に接するときは、親は黙って、落ち着いて耐えることだ。お子さんの精神状態は、あなたの精神状態に共鳴する。心を開いてティーンの感情に耳を傾けよう。親の話を聞いてくれそうなら、解決策や別の解釈について伝えてあげるといいだろう。

ティーンが感情の浮き沈みをどこまで表に出すかは、家庭内で自分らしくいられるスペースの大小によって変わってくる。親子の距離が近く、親が子どもの日々のタスクや努力や成果に関心を持っているのであれば、わが子のコンディションを解読して、感情面のサポートをしてあげやすい。蓄積したプレッシャーを解放できて、感情の揺れを最小限に抑えられるかもしれない。

私自身は、感情の変動が多いほうではない。娘たちの激しい気分の揺れもあまり見ていない。時々、娘のどちらかが、その日の問題を話し合っているときに夕食のテーブルを離れて、泣き出したり、不当な扱いをされたと感じたりして、自分の部屋に行ってしまうことがあった。夫と私は、娘に「ガス抜き」をして落ち着く時間を持たせてから、どちらかひとりがノックして部屋に入れてもらった。幼い子どももティーンも大人も、気持ちが動揺しているときに分別のある話はできないものなので、手を差し伸べる側になるときは、「あなた〔娘〕がそれでいいなら、しばらくの間、何も話さずにそばで座っていたい」と申し出た。「出ていってほしい」と言われたら、そのとおりにした。心の準備ができたら来てくれるとわかっているので、「そばにいることも、拒絶を受けることもできる」というスタンスを取った。娘たちが感情を爆発させたときは、決して叱ったり責めたりしないで、気持ちに寄り添った。その反応を引き起こした出来事について話してくれたときには、関心を示しながら自由に答えられるような質問をした。いつも必ず、派手なやりとりをせずに元通りに戻ることができた。感情を表に出させたことが、役に立ったように思っている。子どもが自制心を育み、感情を自分で落ち着かせる練習にもなる。これは大切なことだ。これからの人生の中で、感情の爆発や傷ついた気持ちには、幾度となく対処しなければならないからだ。いつも親がそばにいるわけではないのだから。

ぐるぐる回る思考

仕事で関わる思春期の子どもから、「思考が回り続ける」という説明をよく受ける。これは珍しい現象ではなく、多くの人が、人生のどこかの時点で経験し、対処せざるを得ないことだ。多くのティーンは、こう考えがちだ。絶え間なくぐるぐると考えてしまうのは、時々起こる自然な心の動きであり、必ずしも、その思考が自分の素直な気持ちの表れであったり、助けを求めている問題を示しているわけではない、と。しかし思考が回り続けること自体が問題なのだ。私は、相談者の抱える試練が、ストレスや悲しみや恐れや孤独感と関連しているのだと気づかされた。ティーンはストレスを受けると、ネガティブな思考や憶測が、際限なく流れ続けてしまうのだ。

娘はティーンになったばかりの頃、眠れなくなった。止まらない思考に苦しんだのだ。私がさまざまな方法で働きかけても、思考が収まるのは少しの間だけだった。たいていは、いったん眠れたとしても、翌日に再び、ぐるぐると同じことを考え続けた。娘は、私が教えたさまざまなテクニックを試すようになった。深呼吸をしたり、100まで数えたり、雨音やオーディオブックを聴いたり。私が添い寝をして、体温を娘の身体に伝えることで落ち着かせることもあった。初期のティーン時代に、娘は、日中に意識して休息することを学んだ。休んでいるときに完全にリラックスし、時には癒やし効果を得て、心と身体を鎮めることができた。

心の動きは不思議なもので、思考の波が激しくなったり、すっかり引いてしまったりする。心は独自のリズムを持ち、潜在意識を認識しているのに、私たちは無意識に起こる多くのことに気づかない。認知神経科学者によると、私たちは、思考、情動、知覚、記憶などの認知活動のわずか5%しか意識していないそうだ。ほとんどの決断、行動、感情、ふるまいは、意識されていない95%の脳活動に依存している。人間の脳の最新の研究によると、平均的な人は一日に6000回以上も考えごとをしており、ひとつの思考につき数千もの連想が続く。この統計は、カナダのオンタリオ州のクイーンズ大学の心理学チームの研究によるもので、それまで知られていなかった手法を用いてひとつの思考の終わりと次の思考の始まりを特定した。またそれらの思考のうち、80%が否定的な内容であり、96%は以前とまったく同じ思考のくり返しだった。

もうひとつ、コーネル大学の興味深い研究がある。心配ごとの85%は実際には起きないことを科学者が解明したのだ。さらに、実際に起きてしまった15%の心配ごとのうち、被験者の79%が、困難な出来事に思ったよりも上手に対処できた、あるいは、そこから価値のある教訓を学ぶことができたという。研究は、「悩みの79%には根拠がなく、事実に基づかない悲観的な認知の結果である」と結論づけた。「くよくよする」のが潜在意識の初期設定ということなのだ。

科学が解明したように、心配は時間の無駄である。根拠のない心配は、ストレスや緊張を引き起こし、心だけではなく、身体の疲労の原因にもなる。作家マーク・トウェインは「私は人生のなかで多くの心配をしてきたが、その大半は現実にならなかった」と述べている。私の娘はアフリカのビクトリアの滝のザンベジ川で、男性の旅行ガイドから「ゆったり行こう、日曜日の朝のように」という教訓を得た。この言葉が、明るさと屈託のなさを、娘の心にしみ込ませてくれた。これは娘にとって大切な気づきを得た瞬間で、この彼の人生の前向きなアプローチを、今でも活用している。

ティーンは、「もはや子どもではなく、まだ大人でもない」ことに折り合いをつけるのに苦労している。その過程で、進む道や自分のアイデンティティを探していく。あらゆる方面から期待されると同時に、自分に対する期待も大きい。多すぎる期待に応えていくのは、不可能ではなくても、かなり大変だ。それだけでも十分難しいのに、ティーンは日々、万華鏡のような大量の情報と刺激にさらされている。インターネットと、それを使ったやりとりのプラットフォームに利点があるのは明らかだ。しかし、認知的負荷が増えすぎたり、悩みがかえって悪化したりというデメリットもある。多くのことを考えなければならないティーンが悩むのも無理はない。親の仕事は、できるところで手助けをすることだ。そばにいてあげる。心の状態に気づいてあげる。一日の間に穏やかなひとときを作る手助けをしてあげる。感情がもろくなっていないか、ストレスを感じていないかと見守ってあげる。

感情の起伏を、過剰に心配してはいけない。ティーンのわが子に、警告のサインを大事にすることを教えてあげよう。頭痛や腹痛、感情の揺れ、集中できないといった兆候を見逃さないようにしよう。また、ぐるぐると続く思考や、その原因についての理解を助けてあげるといいだろう。心と身体を自分でケアすることや、赤信号がともったら注意を払うことの大切さについて、教えてあげよう。

見つけるべき知恵はたくさんある。正直に生きる人生には苦しい時期もあるが、そこから将来に役立つ貴重な教訓が得られるはずだ。ひび割れや傷があるから、人と人とはつながるのだ。

境界線を探す

親であるあなたの行動には、ありのままのあなたが映し出されているだろうか？　私は人から、「とても正直で存在感が強い」と言われる。「ありのまま」の反対は、「偽物」なのか、「浅はか」なのか、「無関心」なのか、その中間なのだろうかと、時々考える。私にとって、ありのままの自分とは、私以上でも以下でもなく、私の空に満天の星を輝かせている状態だ。本当の自分と社会や周囲が期待する自分とのバランスを見つける努力をするなかで、鍵となるのが「誠実であること」だと思う。自分の発言と信条と行動のバランスがきちんと取れているとき、私はありのままだと感じる。自分の意見を持ち、その意見を支持する勇気を持つ——誰に監視されずとも、常に正しいことをしようとする意志を持つのだ。こういった要素が、直感に耳を傾けて自分の境界線を設定し、娘の行動のよしあしを判断する際に重要な意味を持つ。

20代前半の頃の私には、旅に出て他の文化を経験したいという強い望みがあった。周りに同じ気持ちの人がいなかったので、ひとりで7か月近く、アジアの国々を旅行した。あるとき、はっきりした計画を持たずに、夜遅くにネパールのカトマンズ空港に降り立った。空港から町に移動するためのタクシーやバスがなく、さびた古い車で送迎するというネパール人の男性が、15人から20人ぐらい出口で待ち構えていた。さて、誰を選べばいい？　アジア旅行を通じてはっきりわかったのは、自分の心の声に従って身体が感知したことを刻み込んでおくと、上手に選択ができ、境界線が見つかるということだ。ひとりで旅をするにあたり、自分の勘に頼り、自分の価値観に衝突しないような選択をした。私は無防備で、孤独で、世界の影響を受けやすかった。だから安全で健康にひとり旅をするために、境界線を見つけることが、これまで以上に重要だった。絶対に境界線を超えないとは限らないが、自分のなかの基準を知っておくことは大切だ。

その国を訪れた人は当たり前にすることだったので、私は背中のマッサージを受けようと思った。案内をしてくれたがっしりとした小柄な男性が、力強い手で私の背中のマッサージを始めた。男性が位置を変えようと移動したとき、突然、私の腰のあたりに、何かが当たるのを感じた。私は直感で、彼が腰を押し当てているに違いないと思った。もう一度何かが当たったとき、それが勃起したペニスだと理解した。私はすぐに起き上がり、ブラウスを手に取って、怒りをこめて「やめて！　何をしているの？」と叫び、建物から走って逃げた。そんなことが自分の身の上に起きたことを恥ずかしく思った。たとえ、こうなることが予期できなかったとしても、自分の浅はかさを責めた。当時は、恥ずかしいことだと思って、誰にも話さなかった。境界線が破られるような恐ろしい経験だったが、それでも自分のなかの基準に反応できたのはよいことだった。しばらく経《た》ってから、自分を恥じて責める気持ちが薄れて、「生き残る」ために戦うことができた自分の強さを誇らしく思うようになった。

「ありのままを見る」ことは、自分を知ることであり、ネガティブな思考や悪癖や恐れを超越し、知性と心をひとつにして、よりポジティブな方向に進むことだ。何かに対してイエスかノーが言えて、自分の見解や価値観を尊重することができたとき、自分のなかの本当の境界線がわかる。敬意と威厳を示しながら、バランスと決意を表明することができる。親の信念に、力強い意義を見出すことができれば、ティーンは自分の生活に取り入れようとするだろう。

ティーンには親が設定した境界線が必要だ。親が境界線を設定することで、予測可能な環境を与えることになり、子どもは何が起こるのかを知ることができる。ティーンには、大人としてふるまえる存在が必要だ。（子どもと家族にとって）何が正しくて間違っているかを、はっきりと言ってくれる人。役柄に徹して主導権を示すと同時に、たとえ意見が対立しても、うまくやれそうだと鷹揚《おうよう》に見守ってくれる、そんな親という存在を必要としているのだ。

私たちが住む世界には、超えてはならない境界線がある。車を運転するときには多くの規則に従わなければならないし、学校や職場では、明確なルールの範囲内で動かねばならないが、そのことに快適さを感じてもいる。同様に、家庭のなかで安全に共存するためにも、何らかのルールが必要なのだ。それを設定するのは私たち親であり、愛の名のもとにティーンのわが子を見放してはいけないのだ。

最近は、家庭内での役割についての誤解が多いように見受けられる。わが子に責任を負わせすぎている親が、あまりにも多いのだ。

「週末、家族で何をしたい？」
「朝食に、何が食べたい？」
「休暇旅行は、どこに行きたい？」

このように、何かと決定権をゆだねたり、さらには、子どもから「重すぎる」と言われて、親のほうが態度を改めたりしていないだろうか。それとも、子どもが部屋を片づけていないと、代わりに掃除をしてあげるなど、世話をしすぎていないだろうか。いさかいを避ければ良好な雰囲気を保てるし、期待値を下げることができて、親は楽かもしれない。しかし、それは本当の意味での「目線を合わせた子育て」ではない。子どもの味方になることがゴールではないからだ。あなたは友だちではなく、親である。常に決定権を持つ大人であり、子どもが頼る存在になるべきなのだ。

ルールを設定し、あえて口に出して言うことができるのが、意識的に子育てができる優しい親だ。家庭内での明確な価値観と規範の枠組みを定めながら、ティーンのわが子が不当に感じることがあれば、話し合いにも応じる。ルールを設定することは、親の信念を固持することではない。ティーンが自信を持って頼りにできる、あいまいでもいい加減でもない親になることだ。

子どもに決定権を与えすぎたり、親がルールを決める労力を使わなかったりすれば、子どもが不利益をこうむる危険がある。ほとんどの場合、親の寛大またはあいまいな返答（「さあ、どうかな。あなたはどう思う？」）にティーンは満足するものの、心の奥底では、たとえ衝突が起きようとも、共感できる何らかの明確なルールを求めているものだ。

「わが家では、お父さんもお母さんも、何があなたに最善かを知っているの。あなたの意見を聞かないわけでも、意見を考慮しないわけでもないけれど、私たちがノーと言ったら、それは絶対にダメなのよ」

そんなスタンスが求められているのだ。長い目で見ると、ティーンの子どもは尊重すべきルールを知り、対立を恐れず、むしろ互いを尊重して解決すべきなのだと考えるようになるだろう。

超えてはならない境界線を超えたとき、神経系は「闘う、逃げる、固まる」の3つの方法で反応する。反応の仕方は、「どの境界線を超えたか」「誰が超えたか」「ストレスと不快レベルの高低」によって変わる。世の中や他者についての理解の基礎は、ティーンの初期かそれ以前に形作られる。あなた自身が子どもの頃に、親に疑問点の説明を求めたり、好奇心を持ったり、自己主張したりしたときに、親から攻撃的な反応を受けたとしたら、どうだろう。アプローチを穏やかにして親に譲歩することを、即座に学習するだろう。親に生活を全面的に頼っているからだ。それとも「反応」しないで「固まる」ことを学ぶかもしれない。状況から逃げたり、対峙したりしないほうが安全な場合もあるからだ。いずれにしても、効果的な対策を確立するのは間違いない。くり返し観察した結果、両親を真似て、脅威を感じたときに攻撃や非難をするようになるかもしれない。あなたのお子さんはどうだろう。今、あなたから学んでいる最中ではないだろうか？

「闘う、逃げる、固まる」は、危険から身を守るための自動的な生理反応だ。ストレスに反応することで、現実または想像上の脅威に対処するのだ。反応によって、即座にホルモンの変化と生理的変化を起こし、自己防衛の行動が素早く取れるようになる。これは遠い昔のあなたの祖先が身につけた、生存本能なのだ。

「闘争・逃走」反応は、闘うか逃げるかの能動的な防衛反応だ。「固まる」のは、「闘争・逃走」を保留にして、さらに身を守る準備をすることだ。実験用のマウスが、逃げ場がないとわかると眠ってしまうのも一例であり、「反応性不動」または「注意性不動」と呼ばれる。こちらも生理的変化のひとつだが、完全に動きを止めて、次の動きに備えようとするのだ。この状態は、シナプスが能動的な活動によって「救済」を得られないために、脳にトラウマが蓄積されている場合に多く見られる。同じ感情や記憶を呼び起こす出来事の際に、シャットダウンして感情的なあきらめの状態を維持し、再び活動できるときを待つ。「生き残る」ために、行動するのではなく凍りつくことしかできないのだ。反応は自動的に起こるため、コントロールするのは非常に難しい。

そしてもうひとつ、あまり知られていないが、「媚《こ》びる」という第四の反応がある。媚びる反応とは、対立を避けるために即座に相手を喜ばせようとすること。多くは子ども時代に発達する反応で、親や権力者が攻撃者の場合にこれが起こる。相手に媚びることで、傷つくのを避けようとするのだ。つまり、先手を打って攻撃者を喜ばせようとする。賛成したり、親が求めている返事をしたりと、本当の気持ちや望みに蓋をして、攻撃を避けるためにどんなことでもするのだ。媚びる反応は次第にパターン化し、大人になってからも、幼い子どもやティーンの子ども、配偶者や親戚とのやりとりや、仕事やプライベートの人間関係に、このパターンが使われるようになる。

私の場合は、固まると闘うの二通りの反応の間で揺れ動いている。感情の深い部分で自分の限界を超えると固まってしまう。昔ながらの内なる声が、生き残るための最良の方法だと神経系に伝えることで、感情が閉じてしまうのだ。闘うモードに入るのは、自分自身の感情に関係するものではなく、誰かが不当な経験をしたときだ。たとえば子どもがひどい扱いを受けたり、誰かが不当な利益を得るためにルールを破ったりした場合である。私は自分の危険を顧みず、まっすぐに騒ぎの輪のなかに飛び込む。危険かもしれないという理性が働かないこともある。

「闘う、逃げる、固まる、媚びる」の反応が作動するには、何らかのストレス反応に火がつくことが必要だ。それは、言葉によるものや、精神的、肉体的など、さまざまな形で起こる。たとえば、ティーンのお子さんと深夜に外を歩いているときに、突然、あなたを見つめている人影を曲がり角に見つけたとしよう。まったくの不意打ちで、その人物は暗闇のなかを近づいてくる。あなたはどんな反応をするだろう？　知らない人と闘おうとする？　どうしてよいかわからず、固まってしまう？　子どもが追いついてくることを願って、一目散に走って逃げる？　身体が麻痺《まひ》してしまう？　また、ティーンの子どもが限度を超える口の利き方をして、4つの反応が発動しそうになり、もっと上手で健康的な態度で反応したい場合は、どうすればいい？　反応の代替案はあるだろうか？　あなた自身が、境界線を破られて深く傷つけられた昔のパターンをくり返していることに気がついていたらどうだろう？　子どもの神経系に同じ反応を学習させるだけなのに、叱ったり最後通告を突きつけたりと、自分がされたのと同じ行動をくり返していると認めるとしたら？　わが子の境界線を尊重し、生理反応を自動的に発動させないためには、親はどのように行動を変えればいいだろう？

あなたが望む変化をもたらすためには、視線を心の内に向ける必要がある。現実を見つめて、気に入らない部分を変える努力をしていけばいいのだ。あなた自身のパターンを知り、ティーンのわが子に同じパターンをくり返そうとしていないかをチェックしよう。簡単なことではないが、適切な方法を見つけなければ、ティーンの反抗に手こずる恐れがある。反抗が必ずしも悪いわけではない。ありのままの自己を解放するために、しばしば距離を置くことが必要なのだ。

私自身は、反応やパターンが、さまざまな階層にあることに気づいている。簡単に見つけたり変えたりできるものもあれば、心の奥深くに組み込まれていて、探し出すことさえ難しいものもある。知人や客観的に見ている人は、私のことを「闘う人」だと表現するが、一方で、何かあれば周囲を遮断して自力で自分の手当てもできる。私自身は人の手を借りることを望まない。他人が私の境界線を超えて近づいてくるときには、私の話に耳を傾けるべきだし、敬意を払ってくれるべきだと思ってしまう。

こういった反応は、娘たちには受け継がせたくない。「生き残る」ために感情を凍らせざるを得ないような扱いをされてほしくないのだ。赤ちゃんは親や養育者に頼ることで生き残ることができるが、ティーンや大人はそうではない。だから、過去からの学びに目を向けることが健全なのだ。

あなたのトリガーは何だろう？　振り返りを始めてみよう。他人に何を期待し、周囲の人に対して何を恐れているのか？　自分の感情の整理を始めることで、今の場所から前進して、あなたの空に次々と星の輝きを復活させることができるだろう。

常に尊重すべき言葉

このように私は、ルールを設定することが重要だと考えている。どこで限界を超えたかに、親のあなたが気づくようにしよう。子どもを責め立てるのではなく、境界線を超えた理由と、どこで超えたのかを説明し、ティーンのわが子に「あなたの限界はどこ？」とさりげなく興味を示しながらたずねてみよう。はっきりとはわからなくても、嫌なことは見つかるはずだ。境界線を話題にすることで、子どもは、感じるままに感じていいのだと安心できるようになる。成長の過渡期にあるティーンには「境界線」「誠実さ」「価値観」といった概念はなじみがないかもしれないが、自分なりの基準を自分で探していく必要がある。できるだけ早いうちに身につけたい重要な知恵は、「ノー」と断ることを知り、大切にすることだ。ごくシンプルな言葉だが、これを実際に言えることが必要不可欠なのだ。

第二章　リフレーミング（視点を変える）

あなたの空の星を輝かせる

「リフレーミング」とは、ある経験や状況についての感じ方や捉え方を変えて、違った視点で見つめ直すこと。リフレーミングによって、抑圧したネガティブな思い込みを解釈し直し、励みになるポジティブなメッセージに変えることができる。

生まれたばかりのわが子を両腕に抱いたとき、あふれんばかりの愛情が無限にわいてきたのを、覚えているだろうか？　愛情と注目のすべてが、あなたを完全に頼りにする小さな人間に全力で注がれていたことを。あなたの愛情は尽きることなく、永遠に続く。それは、恐ろしくもあり、素晴らしいことだ。家庭の状況によってばらつきはあるが、心からの喜びと無条件の愛はすべての人が持ち合わせている。そして、どんなことも幸福を覆い隠すことができない。

これに勝る愛情は存在しない。か弱い家族がいる新しい世界に足を踏み入れたあなたは、子どもを褒めたり励ましたり、ちょっとした笑顔や涙、しゃっくり、食事、おなら、動作や感情のほとばしりに、笑ったり気づいたりしながら、自分のニーズは後回しにする。すべてを受け入れて歓迎し、赤ちゃんに全神経を集中させ、この世界で暮らすためのスキルを習得する小さなステップのすべてに、歓喜し熱中する。目の前に示されるあらゆるものに喜びを感じ、わが子をあらゆる点で完璧な存在として見るだろう。

星の輝きが消えていく

私は、夜空に輝く星を眺めるのが好きだ。あなたも想像してみてほしい。寒い夜に、美しく澄んだ空を見上げる。暗い夜空に星が光り、あなたに向かって、またたいている。無数の星がきらめく無限の宇宙は、すぐ目の前で、美しく完全な輝きを放っていて、ただそこにいるだけで、十分に輝きを楽しむことができる。次に、あなたのお子さんが星が輝く空を持って生まれてきたと想像しよう。お子さんのなかには、輝き続ける星が無数にあり、それがお子さんの人となりを形作っている。すべての星は光を放ち、愛されていると感じ、完全に調和している。生まれた赤ちゃんは、全員がそんな特権を持っているのだ。

ところが、子どもが大きくなるにつれ、唯一無二の姿が変化しはじめる。親であるあなたの態度が「あなたはそのままで完璧」から「私はあなたのそういうところを正す必要がある」へとシフトする。もはや、わが子はありのままで素晴らしい存在ではなく（そう思っていても、言動には現れない）、日常生活のなかで容認できるように適応させなくてはならない存在だ。あなたのシャドウ〔闇〕が顔を出し、もはや抑えることができない。わが子のふるまいが、あなたの秘めていた何かを目覚めさせ、生き残るために身につけてきた反応で対抗しようとするのだ。当然ながら、文明化された世界では、自分が住む地域の文化の規範やルールに誰もが適応する必要がある。以前は褒めていたわが子の行動や、ユニークで完璧だと評していたことが、もはやそうではなくなってしまう。あなたは知らず知らずのうちに、わが子の空の星の輝きを、次々に消しはじめる。突如として、夕食後にゲップをするのはお行儀が悪いことになる。以前は、子どもがテーブルをスプーンで叩くのは、元気な証拠であり、ほほえましいことだったが、今では騒がしくて間違ったことだ。

「それをしちゃダメ」
「そんなふるまいは許されません」
「やめなさいと言われたらやめてちょうだい」

「あれをしなさい、これをしなさい」

そんな声かけが普通になり、子どもは以前ほど称賛や注目を浴びなくなる。

ただし、心に留めておいてほしいことがある。それは、子どものほうは親であるあなたを頼りにしていて、教えてもらったことを信じているということ。生きるために頼りにしているため、親が賛成しない部分を抑え込み、認めてくれる部分を誇張するようになる。母親と同じことに熱中したり、父親を真似て怒りを爆発させたりするかもしれない。気づいてもらえないために悲しみが抑圧されたり、親に心配をかけたくないという理由で恐れを隠したりする。受け入れてもらうための知恵だ。家族や養育者、周りの人に認めてもらうために、社会のルールに自分を合わせていく必要があるのだ。自分の個性のうち、受け入れられて認められ、光が当たるのは、一部分にすぎない。それ以外は、自分のなかの見えない闇に隠れてしまい、輝いていた星のいくつかは、スイッチがオフになって機能しなくなる。または、適応した自分自身が「私の世界」を変化させ、評価され認められる行動と、そうでない行動を仕分けしていく。この変化はほとんど目に見えず、非常にゆっくりと進むので、その過程を突き止めるのはかなり難しい。しかし同じパターンを何度もくり返しているうちに、あなたは子どもに「特定の行動しか容認されず愛されない」ことを、時間をかけて学習させてしまうのだ。

以前カウンセリングに訪れたティーンの男の子は、自分の感情の動きに気づくのが苦手で、動揺や怒りや恐れを表に出すことができなかった。そのため、愛情をうまく表現できずに苦しんでいた。心を開くことを極度に恐れているだけではなく、感情を表す言葉を見つけることもできなかった。だから、大切な気持ちをさらけ出せずに生きづらくなっていたのだ。子どもの頃は、しょっちゅう感情的になり、泣いたり怒りを爆発させたりしていたが、そのたびに父親から「女々しい真似はやめろ、男らしくなれ！」と注意を受けたため、「泣くことは悪いこと」「感情的になるのは不適切なこと」と信じるようになった。感情を隠すことを学習したのだ。その結果、自分の空に輝く星が、次々と消えてしまった。感情的になったり言葉にしたりすることは評価されない。少年は、ゆっくりと一定の価値観に順応し、「冷静に」ふるまうことを学びながら、心優しく繊細な面を陰に追いやってしまった。思春期を迎えた少年は、無意識のうちに、抑え込みたい部分と、活性化したい部分の2つを切り分けて扱うようになった。生き残るための戦略として、知らず知らずのうちに、受け入れられない部分や必要とされない部分を意識下に埋め込み、優しく繊細な星の光を消してしまったのだ。そして次第に、孤独感に沈むようになった。

幸いにも少年は、無意識に学んだ戦略に目を向けることで、抑圧していた部分にも光を当てるという作業を、人格形成の時期に行うことができた。この気づきが、内面に大きな変化をもたらした。自分の感情の動きを認識して理解することで、気持ちを表現し、両親の抱える闇に振り回されない術《すべ》を身につけていった。ゆっくりと、自分の境界線を設定して心の声に耳を傾け、最善と感じる選択を信じることを学んでいった。父親に接するときは、以前のパターンに戻って苦しむこともあるが、自分の心の動きを認識して、父親が抱える闇と向き合っていると理解することで、以前よりも楽に耐えられるようになった。

このように、親が知らず知らずのうちに、身体にしみ込んだ昔のパターンをくり返すと、子どもに影響が出ることがよくある。私は、罪悪感を持ってもらいたいわけでも、ティーンのわが子を傷つけていないかと不安になってほしいわけでもない。これは多かれ少なかれ、誰もが生き残るために身につけてしまう、かなり一般的な戦略なのだ。そしてあなたも、ティーンのわが子の心を傷つけたり、たくさんの星の輝きを消したりしている可能性がある。この例を紹介することで、仕組みを理解してもらえたらと願っている。

私と母のストーリー

私の子ども時代は、多くの点で素晴らしく、安全で恵まれていた。とはいえ、いくつかの傷を負っていて、思春期と成人初期にそのことに悩まされた。３歳のときに両親が離婚したので、父と母が一緒にいた記憶がほとんどない。母に育てられ、父とは頻繁に楽しく交流して仲がよかった。母は賢くて分析力があり、美しい心を持った素晴らしい女性だ。しかし人生の痛みから来る個人的な苦しみも抱えていた――これを彼女の「闇」、または「消えた星」と呼ぶことにしよう。母は、難解で高度な会話をするのが大の得意だった。そうすることで安心してくつろぐことができ、何時間でも私の話を分析することができた。そういったことにしか、会話の価値を感じていなかった。娘時代の私が、母をがっかりさせたり、うっかり刺激を与えたりすると、母は視線を使って不満を表現した。私が「透明人間」であるかのように、私の背後を見つめるのだ。時折、母に氷のような冷たい態度で距離を置かれると、私は心のなかで泣いていた。同時に、いい娘であろうとして、母の役に立つことをした。掃除や料理を手伝い、特別なプレゼントを贈って母を「喜ばせ」た。無意識にそうしていた。冷淡な態度という罰を食らわないように、そして、私の存在と、母のためにしたすべてのことに気づいてもらうために――願わくは、いつの日か母に「あなたを愛している」と言ってもらえるように。

私は明るく元気な子どもで、機嫌よく幼稚園や学校から帰ってきては、楽しかったことや嬉しい出来事について、母に報告していた。しかし母が、私の経験について深く考えて質問攻めにするので、最後には泣いてしまうということがよくあった。実は私はそのとき、母が大昔に光を消して輝きを失った星の数々を思い出させるような話をしていたらしく、私の前向きでリラックスした態度が母を刺激していたのだ。母は裕福でアカデミックな家庭の出身だが、可愛《かわい》がっていた妹が子どもの頃にがんで亡くなってしまい、その1年後に、生まれたばかりの弟もまた死んでしまった。そのため母は、重苦しくて悲しい子ども時代を過ごしていた。母の両親が生きることにつらさを感じていたので、母を世話したり母の人生に関わったりすることができなかったのだ。そういった理由で、母はものごとを鋭く見つめて、よい出来事のなかにも何か悪い部分を見つけ出して、自分が慣れ親しんできた闇のほうへと話を持っていく癖があった。私は、母とのそうした会話に応じることで母と親密になれて連帯できることを学んだ。そのように過ごす時間には、母に愛されていると感じられた。実際には、私は無防備で、母に拒絶されることに敏感で、自分が母の愛を受けるに値しないように感じていた。幼い頃の私は、拒絶の痛みを無意識のかなたに追いやろうと必死になるあまり、自分に合った防衛メカニズムを身につけ、それを生存戦略とした。私は、自分の空の星をひとつ消して、苦しむ母の対話者となることで、母とのつながりを感じようとした。私が切に求めていた、親密さとつながりを得るために。

母は今も存命だ。私は母のことを心から愛している。私たちのパターンは――私の喜びを受け入れて私の特性を成長させ開花させるものではなかったが――長年にわたって母娘の関係性に影響を与えてきた。私は、たとえ悲しく満たされない気持ちになっても、母の注目と支えと承認を必要としていたので、自分の空の星のスイッチを消して、母に合わせることを学んだ。

でも、無意識のレベルでは、どこかで本能的に、「何かがおかしい」「子どもらしい感情ではない」と知っていた。「ありのままの自分をもっと肯定していい」「このままではいけない」と感じていたので、ティーンになると、子どもっぽく建設的ではないやり方で反抗するようになった。私は母のやり方に反発して異議を唱えるようになり、そのたびに、「要求が強すぎる」「度が過ぎる」と言われた。母は私にそのような感情を持つことを許さなかった。母の消えた星が、無意識にそうさせていたのだ。母自身が子どもの頃に学んだ、最良の生存戦略を実行しているだけであり、もしかしたら、母にとっても、それが両親とのつながりを感じるための手段だったのかもしれない。しかし私にとっては、理不尽でしかなかった。後に私は、過度に興奮したり、過剰に悲しんだり、イライラしたり、喜んだりしない能力を学んでいった。中庸を保つことで、母の舟に揺さぶられないように、不愉快にならずに済むようにした。重要なのは、自分の一部を輝かせないようにしたからといって、その部分が精神構造から消えてしまったわけではないということだ。輝かせないことで傷つくのを避け、安心と安全を感じるという知恵だったが、私の大切な一部が切り離されてしまった結果、ありのままの自分を表に出すことができなくなり、何かが欠落していると感じてしまうようになった。

　進化論的に言えば、自己の一部を抑圧するのは生き残るためであり、どんな人でも持っている生存のために必要な戦略だ。たとえば私は、母と痛みや悲しみについて話すことで、母との絆が深まるように感じた。世界の危機についての話題が持ち上がると、私はじっと母の言葉に耳を傾けて、会話の先を予測した。こういった緊張感のある会話を通じて、母と深くつながることができ、「愛されている」「見てもらえている」と感じることができた。母が安心と安全を感じられる話題であるからだ。私は違和感に気づいていたが、子どもだったので、そこに働く力学が理解できなかった。だからもちろん、母の見守りを実感できるような行動を続けた。すると、自分が重要な存在であるような感覚が得られたのだ。私は誰かと話をするときにも相手の話に耳を傾けて内容を分析し、人生を複雑な視点から見るようになった。その結果、自分のなかにあるポジティブな部分には蓋をして、縛りつけておくことが必要になった。一方で、どんな瞬間においても、日々母から受け入れられ称賛されることを夢見ていたが、当時の私は、その願望を表現する言葉を持たなかった。

私と母のストーリーにおいて、「私の喜びや明るいエネルギーは愛されない」というのが無意識の前提だった。だから母に安心してもらい、コントロールできると感じてもらうために、私はいくつかの星を消す必要があった。もちろん、母の言動は意図的ではない。学習したことから得た知恵を使って最善を尽くしていたが、心に抱えていた人生の痛みが、知らず知らずのうちに、消えた星を私に引き継がせてしまっていた。私は、無意識に結んでいた母との契約を扱う術を学ばなければならなかったのだ。もちろん、母の相談役になりたくないし、人生の痛みを一緒に抱えたくもない。そのためには、まずは母のパターンを把握する必要があった。自分にかかるプレッシャーを少なくすることで、光を少しずつ取り戻していき、最終的に、星を再び輝かせることを自分に許可し、自分という人間を完全に受け入れていった。

私たちの「シャドウ〔闇〕」は、自分が隠し、否定し、抑圧し、見ていない、ポジティブまたはネガティブなすべての部分で構成されている。シャドウとは、羞恥心や恐れや不満のせいで自分が拒絶しているあらゆる面のことである。それは、自身が受け入れ難く、他人に不評を買うと信じている部分、あるいは、他人と自分を困らせ、恐怖を抱かせ、嫌悪感を与える部分から構成されている。

〔デビー・フォード『シャドウ・エフェクト』佐藤志緒訳、ヴォイス、2011年〕

＊訳者による邦訳

ドミノ倒しを防ぐために

自分が消してしまった星の存在に気づかなければ、無意識にそれを子どもたちに引き継がせてしまう。「名前をつければ、手なずけることができる」とは、精神医学の臨床教授であるダニエル・J・シーゲル博士の言葉だ。消えてしまった星に気づいて意識を向ければ、ネガティブな影響に変化を与え、最小限にすることができる。シャドウ〔闇〕に何らかの名前をつけるべきなのだ。この発想を西洋に初めて紹介したのは、心理学者のカール・ユングだ。ユングはシャドウについて「エゴが見ることも、認めることも、受け入れることもできない、自分が縁切りをした無意識の人格」と説明している。意識には上がってこない自分の一面なのだ。作家で、ユングの研究を現代に取り入れた自己変革コーチでもあるデビー・フォードは、人生の暗黒面を掘り下げて、シャドウと向き合う方法を探求した。

自分の傷が、時を経て子どもの傷になってしまう。痛みは、自分のシャドウに意識を向けて解決するという作業を行わない限り、継承されていくのだ。目的意識を持って、自分のシャドウ、つまり消された星を特定し、その星に再び光をともさなければ、親に与えられたパターンをそのまま子どもにコピー・ペーストするはめになる。親であるあなたが変わることで、わが子の星をもっと輝かせることができるのだ。100%成功するわけではなくても、正しい方向に一歩踏み出すほうが、何もしないよりは改善する。自分の一部を否定している限り、それは永遠に消えることはなく、意識の表面から遠ざかっていくだけだ。そのことを覚えていれば、無意味だと感じたときにも自己改革に取り組み続けようと思えるだろう。

自分が捨てた、または消えてしまった星を再び特定することを、困難で不愉快だと感じる人は多いだろう。デリケートな分野であり、恥ずかしさもあって、着手するのがおっくうかもしれない。手をつけない人が多いのは、新たな気づきには、新しい行動と習慣が求められるからだ。エネルギーと労力が必要なので、何もしないほうが楽なのだ。しかし、この課題には、他の問題解決にも必要とされる柔軟で実践的なアプローチと勇気と好奇心を持って取り組むべきだ。個人的には、これが数学の問題を解くのと同じぐらい当たり前になればと願っている。

もしも私が、本当の気持ちに耳を傾けて、無意識の行動を変えるように辛抱強く働きかけなかったら――何よりも、視線を使って周囲をコントロールしようとする癖を直さなかったとしたら――この不健康な特性を、ドミノ倒しのように子どもたちに受け継がせていただろう。そして、自分が受け取っていたのと同じ、かすかなメッセージを伝えてしまっていたことだろう。そうするとどうなっていたか。親子関係の基本的な焦点が、子どもと子どものニーズではなくなり、親である私に当たっていたはずだ。この厳しい現実に気づかされた体験を皆さんと共有したいと思ったのは、感情が抑制され欲求が満たされにくい世界では、ますます心を開くことが必要になるからだ。ほとんどの人は、内面で混乱が生じる仕組みを理解していない。意識することがないので、問題を扱うためのツールを持ち合わせていない。その結果、自分と子どもとの間に壁ができてしまうのだ。

意識下に潜んだ感情を両手で受け止めて、もっと多くの愛情と理解を注いで見つめてみよう。視点を変えるのだ。リフレーミング（視点を変える）は、あなたを癒やし、状況をよりよいほうに変える唯一のツールだ。そうしなければ、昔からしみついたパターンに相変わらず引きずられて行動することになる。ティーンのわが子は重荷を与えられ、後に扱いに苦しむだろう。子どもは、いつかの時点で理不尽だと気づきながらも、親に頼っているうちは、表向きには行動を調節しようとする。アルコール依存の親を持つ子どもがアルコール依存になったり、心身の暴力を受けてきた子どもが暴力的になったりするのには、理由があるのだ。「愛されたい」「見つめられたい」「大切にされたい」という子どものニーズを常に理解する努力をしよう。子どもは適応する能力があるので、愛情と注目を受けるためにどうふるまえばよいかを即座に見抜くことができる。たとえニーズが完全に満たされないとしても、何かしらの方法を見つけるのだ。

「意識的」な子育てのすすめ

楽しい気持ちを扱うのは心地よいけれど、ネガティブな感情を扱うのはそうでもない、という人がほとんどだろう。よいセルフイメージを持っていたいのは、あらゆる欠点に向き合うためには「恥」や「絶望」の扉を開けなければならないからだ。誰がそんなことをしたいと思うだろう？　しかし、これは大きな投資になる。わが子の気持ちに寄り添えるようになるだけではなく、今後、子どもが個人的な問題に関わり対処するときに手助けするための「蓄え」ができるのだ。デンマーク人は、ハッピーエンドを信じていない。心配も課題も自己検証もなく、毎回「めでたし、めでたし」で終わるなどとは思っていない。それよりも、よくも悪くも日々の経験を受け入れて、成長することと前を向く能力に意識を向けようとする。真実味のある実直な人生を信じているのだ。

自分に嘘《うそ》をついて、本当の自分を表に出さない人は、いつまで経っても自分が夢見る人生を構築できない。自分と周りの人々に正直になれない人は、真に自分らしい生き方をすることができないのだ。内面を見直す作業をしなければ、よいお手本として、ティーンのわが子に理想どおりの人生を構築する術を教えることは難しいだろう。

私は娘たちに、傷ついた幼少時代の話をするようにしている。人生のよい部分も悪い部分も、経験から得た知恵に焦点を当てながら共有している。そういった経験があったからこそ、今のような私になれたのだし、消えた星の連鎖を和らげたり、断ち切ったりする機会が得られたのだ。娘たちには「私があなたを傷つけたり、立ち入りすぎてしまったりしたら、いつでも言ってちょうだい」と伝えてある。いつでもわが子の話に耳を傾け、言ったことを真剣に受け止め、自分の痛みを伝染させないようにベストを尽くす。これが重要な鍵であり、意識的な子育てとは「ありのままを見る」誠実な子育てなのだ。加えて、自分の傷についてリフレーミングする〔視点を変える〕作業を行うと、あなた自身も満天の星を輝かせることができる。互いにとってプラスになるのだ。

もしも私の母が、消えてしまった星、つまり自分のシャドウに気づいていれば――娘である私に「間違っている」「要求が強すぎる」という意識を植えつけて星の輝きを消してしまうのではなく、星が美しく輝くのを見守ることができたかもしれない。そうするためには、母はありのままの姿で心を開いてつながる必要があった。自分のシャドウと、そこに投影されている出来事をしっかりと理解するために必要な作業を行わなければならなかった。それが意識的な子育ての核心だ。無意識な子育てから意識的な子育てへとパターンを変えるためには、傷ついた感情や満たされていない欲求の根源を把握しようという意志が必要なのだ。

意識的な子育てをすることは、完璧な親になることではない。ありのままの自分を見つめて、次のような自問ができることだ。

「今の私の行動は何かにコントロールされている？」
「この行動は、無意識だろうか、意識的だろうか？」
「ティーンのわが子に言い返す前に、『いったん停止』して落ち着くには、どうすればいい？」
「自分のなかにある大小すべての星を受け入れて完全に輝かせるには、どうすればいい？」

こういった自分への問いかけは、意識的な子育てを体得するプロセスに欠かせない。意識的に子育てができれば、自分の親とは違う子育てができるようになる。完璧になることがゴールではない。パターンを壊すための意志を持ち努力をすることがゴールであり、感情に支配されそうになったときには、その意識がとりわけ大切になる。

常に完璧にバランスを取り、ティーンのわが子の星の輝きを強めることに意識を注ぎ、合理的に行動できる人などいない。まずは、あなたが無意識にやっている反応の仕方に意識を向けてみよう。すると、刺激に反応する前に、次のような思考ができるようになる。

「トリガーを感じるのは、子どもの頃に愛されなかった、疎まれた、という内なる感情が呼び覚まされるからだ」

私がかつて学んだ知恵は、生き残るために闘うことだった。でも、もう闘う必要はない。なぜなら、若い頃の自分を受け入れて慰め、「もう傷つかなくていい」と教えてあげたからだ。「あなたは愛されているのよ」と。だから、ティーンの娘たちにトリガーを感じそうになったときに、わが子の星が輝くのを許しながら反応することができるし、内なる平和を感じることができる。自覚を持って今を意識すると、一歩下がって見つめることができる。無意識の反応を避けるために、部屋を出て深呼吸をし、内面のバランスを取り戻すこともできる。私自身、自分が消してしまった星が完全に輝きを取り戻し、完全に癒やされる日が来るとは考えていない。これからも娘たちの星の光を消し続けてしまうかもしれないが、引き続き折り合いをつけていかなければならないと思う。これからも常にベストを尽くしつつ、それ以上のことを自分に求めないつもりだ。

意識的な子育てができる親になることは、ひとつの選択だ。意識的な子育ては、あなた個人にとっても、親としての在り方という点でも、健康的な選択肢になるだろう。投影とトリガーは赤信号であり、立ち止まって丁寧に調べなければならないポイントだ。幼い子どももティーンもトリガーになる。幼い子どもは親のコントロール下にあるが、ティーンになるにつれて、ゆっくりと手から離れていく。常に親子の関係を見直しつつ親密であり続けるためには、ティーンのわが子との時間が衝突するばかりであってはならない。だから、自分のなかの消えた星を再発見し、くり返し磨いて輝きを取り戻すという作業を続けよう。あなたの空は、消えた星と輝く星の両方を含めることで、初めて全人格として完成する。多くの人が感じていながら理解していない、心の混乱の原因を突き止めよう。認められ満たされた部分だけではなく、消えた星もまた、たとえ隠れていようとも、あなたの一部なのだ。星は消滅したわけではない。もはや輝かなくなっただけだ。あなたの空は、星が半分だけ輝くのではなく、満天に輝いてこそ、自分らしい空であり、それが唯一無二の個性なのだ。

わが子への最高の贈り物

親になったとき、ゆくゆくは「わが子が私の最良の教師」になるとは、思ってもみなかったかもしれない。子どもは、あなたの全体像の写し鏡だ。子どもは無垢《むく》で心がオープンなので、あなたの闇の部分も、消してしまった星も、傷ついた感情もすべて、鏡のようにあなたに映して見せる。意識的な子育てとは、ひとことで言うと、親のフォーカスを「ティーンのわが子をいかに扱うか」から「私自身をいかに扱うべきか」に変えることだ。それはつまり、親自身が抱える「重荷」に目を向けて、そのことを、幼いわが子やティーンのわが子が、子ども自身と自分が住む世界をもっと愛しながら成長するための手助けにつなげることだ。

私はひとりの母として、ティーンのわが子にも自分にも欲求があり、両者が必ずしも一致しないことを知っている。どちらの欲求を先に聞き入れるかは、その都度判断しなければならない。そうすれば娘たちに、私が話のバランスを取ろうとしたと伝えることができる。私は、望んだ評価や認識を得られなかったために閉ざしてしまった自分の一部を理解する努力をしている。そういった部分は、自分が手当てをして復活させ、癒やしてあげなければ、大切にされずに抑圧されたままになってしまう。

私は、わが子が能力を最大限に発揮する邪魔になるのではないか、と恐れていたいくつかのことを意識的に変えた。娘たちには、「ありのままで無条件に愛される」と知りながら育ってもらいたいと思っている。時々、自分と娘たちにとことん楽しむ許可を出せなくて苦しむことがある。自分が若い頃に「よいことには必ず悪いことがついてまわる」と教え込まれたせいで、一抹の疑いが心をよぎってしまうのだ。頭では「そうとは限らない」とわかっているのだが、これが今も私が日々直面している最大の障害かもしれない。自分の願望に沿えないと感じるときは、娘たちに率直に伝えている。自己に気づいて認めること（セルフ・アウェアネス）と自分を癒やすこと（セルフ・ヒーリング）は、生涯にわたるプロセスであり、終わりのない作業だ。私はいまだに、受け入れる努力を続けている。私に欠点はあるものの、娘たちはありのままの姿で完全に愛されている。今後も娘たちが愛情を感じ続けるために、できることは何でもするつもりだ。

ティーンのわが子との親密で有意義なふれあいこそが、人生を通じて親が与えることができる最高の贈り物だと信じている。それはつまり、良質な基盤が与えられることであり、その基盤が人生の満足感を高めてくれるのだ。親であるあなたから始めよう。自分の空がどうなっているかを意識しよう。星たちを輝かせ、その美しさをティーンのわが子に伝えよう――星が半数しか光っていない暗い空ではなくて。わが子が前の世代の遺物に縛られることなく、素晴らしい人生を送れるように、無条件の愛を与え、できる限り最良の方法で世の中に送り出す。それこそが、親がわが子に継承したいことではないだろうか。子どもは、ありのままに生きる、そのままで愛される価値のある存在なのだ。

第三章　信頼する

No.1のルール

デンマークという国が、世界有数の幸せな国に選ばれ続けるのはどうしてなのか。答えの一部は、先に出版した『デンマークの親は子どもを褒めない』で紹介した6つのキーワードに見つけることができるが、本書でつけ加えておきたい最初のキーワードが「Trust〔信頼〕」だ。「ソーシャル・キャピタル〔人と人との信頼関係を資本と捉える考え方〕」と呼んでもいいだろう。「信頼」とは、英語のことわざの「男の言葉は証文と同じ（A man's word is his bond）」が表すような、社会の境界線を超えた共同体意識を示す表現でもある。

「信頼」とは感情のひとつであり、ある個人が別の個人を信じるに値する人物であると期待する、または信じることによって起きる現象。ギリシャ語や古ノルド語では、「信頼」

は「信仰」と同義。デンマークの哲学者で神学者のK・E・ログストラップによると、人の信頼は生来のものであり、不信は成長する過程で学習される。

私が子どもの頃、家の玄関の鍵はいつもかかっておらず、ご近所や友人や親戚が通りすがりにたずねてくるのが普通だった。常に歓迎するオープンな雰囲気があり、安心できて心地よかったのを覚えている。ずいぶん時が流れて、夫と一軒家に住みはじめた当初は、やはり鍵をかけなかった――夜間以外は。子どもの頃に大好きだった信頼感のエネルギーを、わが子との暮らしにも取り入れたいと思ったのだ。しかし、そんな生活は長くは続かなかった。知り合いが、夜中に眠っているときに強盗に押し入られるという経験をしたので、侵入者を恐れる感覚を身につけざるを得なかったのだ。子どもたちが学校から徒歩で帰ってくるようになり、招かれざる客と鉢合わせになるリスクを避ける必要があった。わが子の安全がもちろん最優先なので、ドアに鍵をかけはじめた。とはいえ、デンマーク人が地球上でトップクラスに信頼できると言われるのも、無理はないだろう。

信頼から得られること

デンマークの社会には信頼の土壌がある。信頼は私たちが大きな価値を置く概念だ。それは、長きにわたる安定性と民主主義の透明性、汚職の少なさに根差している。また、社会的ネットワークの価値がきわめて重要な働きを担っていると考える人もいる。この形態があらゆる行動に持ち込まれ、大人から子どもへと伝達され、規範を植えつけられて成長した子どもが、この喜びとやりがいのあるサイクルをくり返し、強い自信を与え合うのだ。

信頼のレベルが高いことは、国家にとって、社会的、政治的、経済的に大きな価値がある。それは、助け合いと協力、慣習や合意へのコミットメントを特徴とする公共文化を作り出す。信頼は、幸福と安全と信頼できる人間関係を生み出し、共同体の生活の機能を高める。デンマークの元首相ポール・ニューロップ・ラスムセンはかつて「デンマーク人がナイフを片手に持っているとき、もう片方の手にフォークを持っていないことはめったにない」と述べた。

夏に、デンマークののどかな細い田舎道を車で走ってみてほしい。道路沿いに、無防備な小さな露店がいくつも出ていて、新鮮なイチゴ、豆、掘りたてのじゃがいも、にんじん、はちみつ、花などが売られているのを目にするはずだ。代金を入れる小さな箱が置いてあるだけ、という販売方法だが、これは信頼がなければ成り立たない。また、デンマーク人に道をたずねて、怪しい行き止まりへと連れていかれることはまずないと思っていい。見た目は少し内気な感じであっても、たいていは、常に信頼感をたたえて見知らぬ人に接するはずだ。

それからもうひとつ、デンマーク人が、ベビーカーに乗せた赤ちゃんをカフェやレストランの外に置きっぱなしにすることは、よく知られている。凍りつくほど寒い日であっても、私たちはそのようにして友だちとの交流を楽しむ。これはごく一般的な慣習だが、もちろん、赤ちゃんが目を覚ましたときには、ベビーモニターを介していつでもチェックできるようになっている。読者の皆さんのなかには、1997年にニューヨークで、ベビーカーで眠っている1歳2か月の娘をカフェの外に置き去りにしたデンマーク人の母親がどうなったかを覚えている人がいるかもしれない。母親は、店の窓からベビーカーがいつでも見える状態だったので、何の問題もないと考えていた。ところが警察に通報され、母親は逮捕された。後に釈放されたときに、これはデンマークでは普通のやり方だと説明した。デンマークでは、路上のベビーカーを盗もうとする事件が起きたのはわずか数回で、幸いにも成功した例はない。

デンマークが比較的安全な国であるのは確かだ。ティーンのほとんどは、ギャングの抗争や犯罪や貧困やドラッグと闘うような環境には置かれていない。昼夜を問わず、通りを歩いていてもそれなりに安全だし、子どもの誘拐や銃撃を心配する必要はない。残念ながら、他の国ではそうはいかない。どんなに恐ろしいだろうと、私には想像することしかできないが、そんなデンマークでも百点満点ではない。デンマークにも孤独や不安やその他の難題は存在するし、改善の余地は当然ある。それでも全体的に見て、ここの暮らしは安心・安全であり、だから人を信頼して、信頼できる行動をするのがはるかに簡単なのだろう。

他人や知人や親しい関係性において、互いに信頼を寄せ合っていることを示し続ける能力こそが、デンマーク人の真の特徴だと、私は信じるようにしている。信頼とは恐れを手放すことだ。恐れとは、たとえば「わが子が傷つけられたり病気になったりしないか」「私の幸せを願わない人がいるのではないか」といった想像をすることだ。私はネガティブな思考から抜け出したいとき、「大丈夫、問題ない」と自分に言い聞かせている。すべてはうまくいくのだと信じ、自分の恐れに蓋をして、浮かび上がってくる大きな意義のようなものを信じようとする。私にとっての信頼とは、与えられた規範が尊重されているという期待を持つことであり、他人が私を騙《だま》して損失を負わせることはないと勇気を持って信じることでもある。老子が言うように「十分に信頼しない者は、信頼されることはない」のだ。

意識的に選択する

私たちは、自分にとって自然で当然に思えることを「当たり前」だと考えがちだ。しかし、他の人が必ずしも同じ規範や期待を持っているとは限らない。時に残酷なまでに多様性があるからこそ、それぞれの人生が美しく輝くのだ。

世間知らずかもしれないが、私は人と接するときに、全面的に信頼を寄せるようにしている。

他の誰かのエネルギーと能力によって豊かになりたいし、自分も持ち得る限りの精一杯を捧げたいので、相手を無条件に信頼することが重要な大前提なのだ。私は、こうする以外の人間関係の築き方を知らない。結局のところ、信用できると思えない人とは、協力し合ったり交流したりは絶対にできない。あらゆる人に機会が与えられるべきだと思うし、私も同様に広い心で迎えてもらえることに感謝している。誰かにつま先を踏まれたときには、一度か二度は大目に見てから、引き下がる。そういうことは時々ある。それでも、心を開いて他人を迎え入れることが、この世界に住むための、そしてこの世界をよりよい場所にするための最良の方法だと信じている。だから意識的に「世間知らず」にふるまうことは、自分の希望の強さの表れでもある。

デンマーク社会の「基礎を作るレンガ」は信頼からできている。信頼は、教育システムにおいても重要視されており、学校での社会的トレーニングは、数学や言語と同じぐらい大切だ。生徒たちは早いうちから、チームで共同作業をするほうがよい結果が得られることを学ぶ。コミュニティは団結によって築かれ、共同作業が信頼と共感力を強め、よい学習環境を育む。成功は共同作業によってもたらされ、信頼がなければ共同作業は望ましい形で進まない。信頼できるクラスメートや、集団で前進する関係性のなかで自分を高めたいと願っている人と一緒に過ごすことで、ポジティブな世界観が形成される。そういった環境にいれば、「人生は安全な居場所であり、人は私の最善を望んでいる」という学びが得られる。そして、人からそのような扱いを受ければ、自分にも同じ気持ちが芽生えるため、信頼の絆ができ上がるのだ。

デンマークでは、ほとんどの家庭において、「信頼を疑わないことが当たり前」という通念を大切にしている。細かく見るとそうではない例も多数あるが、信頼のレンガを積み上げて礎を築くという感覚は、この国の家庭生活にも取り込まれている。

私と娘たちとの関係において、信頼はきわめて重要な要素だ。信頼は親子をつなぐ接着剤であり、それがあるから深く関わることができ、距離が近くなる。親が子どもを信頼して任せることができれば、子どもは思うままに自由を得ることができる。信頼は、共同で行うあらゆる作業の要なのだ。一緒に決めたことを互いが尊重し、相手を無条件に信頼していることを、相手もまた知っている。この関係を最適化することが、私たちの家族の力学には欠かせないので、信頼し合うことを意識的に選び取っている。そうすることが安心感をもたらし、家族の構造をしっかりと支えてくれる。しっかりした土台の上に立っていることが、何か問題が起きたり苦しい経験があったりしたときに、非常に重要になる。これまでも、越えなければならないハードルがいくつもあり、それこそ山のてっぺんから谷底まで、激しい浮き沈みを経験したものだ。

信頼は、何もないところから突然生まれるものではない。実践によって育まれるものであり、子育ての初期にスタートできれば（なおのこと）よいだろう。ティーンの入り口にさしかかってしまえば手遅れ、というわけではない。何ごとにも遅すぎることはない。子育てのどの時点にいても、意識的に信頼を与えることによって、安全な居場所が築かれ、さらに多くの信頼を受け取ることができる。あなたがティーンの子どもと——またはパートナーや友人、同僚と——共有したものが、幸福で心配の少ない人生を築く基盤になる。親も人間なのだから、高い基準に見合わないエピソードがたくさんあって当たり前だし、それは子どもにとっても同じことだ。失敗したと思ったら、きちんと状況を説明して、最善を尽くせなかった責任を取るようにしよう。そうすることで信頼が育まれる。

よくあるのが、愛らしかった小さなわが子がティーンになったとたんに、親が子どもに期待することが変わってしまい、与えた信頼に見合わない言動をしたときに厳しく応じてしまうというケースだ。思春期までの信頼は、互いに与え合うことによって育まれてきたのに、もはや親からの一方通行的な要求になっているのだ。親の理解や辛抱が突然消え失《う》せ、疑いの度合いがはるかに増える。やるべきことをしっかりやっていない事例を探しては、先回りして不信をつのらせてしまい、望んでいるのと正反対の影響を与えてしまうのだ。

ティーンとの関わりで大人がリーダーの役割を担うためには、行動を通じて価値観を伝えるしかない。「対話をし、関わり続けること」が大切なのだ。価値観がわかれば、制限値を設定しやすくなるし、個人として、家族としての好き嫌いについて話がしやすくなる（私のオンライン講座でよく見られるケースだ)。脅し文句を使う前に、親が視点を変えて、伝える言葉をリフレーミングしてみよう。

橋を渡ろう

「ティーンの子どもは親からの信頼を求めている」

これは、日々いらだちが爆発しそうになったときに、思い出すべき大切な言葉だ。コントロールや指図をしすぎないようにしながら、子どもの見解を理解し、望みや願いを知ろうと心がけよう。これは容易にできることではない。ペースの速い世の中で、子どもが何かを試してみたいと要求したときには、ついルールを厳しくしてしまいがちだ。次の2組の親子の会話を見てみよう。

「ママ、みんなが金曜日にパーティに行くんだけど、私も行っていい?」
「ダメよ。あなたにはパーティはまだ早いと思う」
「パパ、知らない人が近づいてきたら緊張するのは、普通のことだよね?」

「お前も男だったら、自信たっぷりに堂々と顔を上げていなさい」

どちらのケースも、親が意識を向けているのは、親自身の見解や要求のほうであり、ティーンのわが子の内面世界ではない。そのせいで、子どもを信頼しようとベストを尽くしているという印象を与える代わりに、「あなたの話には価値がない」というメッセージが伝わってしまっている。しかし、子どもの話は聞くに値する。だから親は、よそよそしさやピリピリした気持ちが態度に出ていないかを常に注意して、ティーンのわが子と丁寧に関わる時間に価値があることを、自分に言い聞かせることが大切だ。するとティーンは、親に信頼されていることを前提に行動し、親の許容できる範囲で伸び伸びすることができるのだ。

親が意識を注いで子どもの話を積極的に聞くことは、たとえるなら、「橋を渡って、ティーンのわが子がいる場所へと歩いていく」ことだ。親が子どもに敬意を払い、橋の向こう側の様子を理解したいという気持ちで、話に耳を傾ける。そこに立っているティーンは、親が望む姿ではない可能性が高いし、親ほど全体の景色が見えていないかもしれない。また、ティーンのわが子は、親が来たことを友だちに見られたかどうかを気にするかもしれないし、まだちっぽけな自分の世界にはるばる足を運んでくれたことを喜ぶかもしれない。

一歩踏み出してみよう。参考までに、私は次のような言葉を使っている。

「私はあなたの話を聞いているよ」

「私はあなたのそばにいるよ。絶対にあなたを置いていかないよ」

「その話は素晴らしいね」

「本当にあなたがそう言ったの？」

「どうやって実現したの？」

「金曜日にパーティがあるのね、楽しそう。少し詳しく聞かせて」

「その件について話してくれてありがとう。私の心が温かくなったわ。時々不安になるのは普通のことよ」

「あなたなら、うまくいくわよ」


ティーンのわが子の話にきちんと耳を傾けて、子どもの立場に身を置き、話に感情移入をしてから、橋を渡って、親の側へと戻ろう。子どもの側と親の側。この2つの場所は別の場所なのだ。

一歩譲って、話に耳を傾ければ傾けるほど、自分と相手について多くのことが学べ、結果として、理解と包容力と信頼を得ることができる。これは、緊張感のある状況だけではなく、あらゆるタイプの交流に当てはまる。親が「聞き上手」の手本になることは、ティーンのわが子の人生に極上の贈り物を与えることだ。相手の話に口をはさむチャンスを待っているのではなく、心から耳を傾ける姿を見せれば、人の話を最後まで聞いて受け入れ、好奇心を持って質問する大切さを教えることができる。それこそが、互いに理解と信頼を深めるための上手な対話のコツなのだ。

「話す」という行為だけでは、大した価値がない。会話によって人とつながり合えることに、価値があるのだ。その基盤となるのが「信頼」であり、信頼が存在することに重きを置くべきだ。あらゆる場面において、信頼があるからこそ、ティーンは思い切って親に打ち明け話をするのであり、信頼があるところに幸福と居場所がある。家は、いわば安全な港だ。家以外のどこに、不適切で無分別な行いや、過剰なことをして、安心して失敗できる場所があるだろう？信頼こそが、親が子どもに与えられる最高の贈り物だ。可愛げのないふるまいをしても無条件に愛されるという確信があれば、安全な環境のなかで、不完全でわがままでいることが許されるのだ。

ティーンとあなたとの関係が不平等であれば、信頼は生まれない。親が話し合おうとせずに一方的にティーンに話してしまうと、確実に不信感が生まれる。

「皿洗いをしなさい」
「そんなことで大騒ぎをする必要はない」

一方的に話すとは、互いに聞き合わずに、会話を行き来させないことだ。まるで、何にも遮られずにとめどなく流れる滝のように一方通行に流れる。その場合、騙されたり不信感が生まれたりというリスクがある。一方的に話す人のせいで、せっかくの経験や知識、自分のなかにある数々の星が消えてしまうことを想像してほしい。このやり方をする人のほとんどが、自身も一方的に話をされ、それが最も効果的だと学んだ人である。一部の人には効果があるかもしれないが、私の場合は違った。このようなコミュニケーションの取り方は、まさに私が目指す、そしてティーンのわが子に求める「信頼」を損ねてしまうからだ。一方的に話すことと会話を行き来させることとは違う。話すだけだと流れが一方向になってしまうのだ。ティーンのわが子を疑いながら信頼するのは不可能だ。そのような状態になるのは、あなたが恐れや昔話や思いやシャドウにとらわれているからだ。

忘れてはいけないのは、家族全員が成長し、愛されていると感じる最高の環境を作るのは、あなた自身だということだ。ティーンがまだ必要としている導き手や枠組みとしての役割を、急いで手放してはいないだろうか。ティーンのわが子が多くのことを自主的に行うからといって、クラッチ・ペダルを踏まずにニュートラルで運転してよいわけではない。そうではなく、まさに今、子どもが小さい頃に一緒に築いたすべてのことが目の前で実践されていると考えてほしい。

今こそ、親子の信頼を深め、さらに絆を強くする時期だ。あなたは信頼に値する人間であることを示し、同時にティーンのわが子もまた、自分が信頼に値することを示す。双方向に意見を同じくすることで、相乗効果がある。それを踏み台にして、大きく跳躍できるチャンスだ。なぜ、デンマークのティーンは、あらゆる点でよその地域のティーンと同じ特徴を抱えているにもかかわらず、おおむね無傷で青春時代を過ごせるのか。その答えをもう少し探ってみよう。

経験が人を作る

ティーンエイジャーが、時々危なっかしいふるまいをしたり、明らかな理由もなく無関心でよそよそしい態度を取ったりするのは、周知の事実だ。ここでも心に留めておくべきなのは、子どもは大人へと変化する過程で、自分の好き嫌いを試行錯誤しているということだ。まだわかっていない自分について知っていくために、人生の隅々まで探検する必要があり、自己を形成し、空の星を輝かせるために、経験が必要なのだ。

ティーンが信頼に足る人物であることを親が信じられなくなった瞬間、約束が果たされず、頻繁に喧嘩《けんか》が起こるという悪循環が始まる。その結果、信頼関係がさらに弱まり、いよいよ不信が強まってしまう。欠点や間違いが起きたときに、それが人間らしさであることをわが子に示すチャンスだと考えない限り、親が理想的な導き手となることはできない。信頼の根幹にあるのは、正直で誠実であること、そして親が自分の欠点から目を背けないことだ。

私が仕事や子どもを通じて知っている男子と女子のほとんどは、何らかの親子の取り決めをしながら育てられている。私の経験では、ティーンに早くから信頼を示せば、ティーンはそれに応えてくれる。そうでないことをちらりと匂わせると、分裂の種をまいてしまう。シンプルなことだ。長い期間にわたって信頼を築くことができれば、その関係性は持続するだろう。

私が教師だった頃、最上級生のクラスの男子たちに放課後にゴミ出しをさせていたところ、同僚から、「いったいどうやって言うことを聞かせているのか」とたずねられたことがあった。私はこう答えた。

「あなたたちならやってくれるよね、と毎回言い続けていただけです」

私が頼りにしていることを男子生徒たちは知っていたのだ。他の教師たちは、どうせ忘れるだろうと疑い、期待していないから、彼らはその気持ちに応えたまでだ。やると期待されていないのに、なぜ努力をする必要がある？

「期待によって行動が修正される」という心理現象がある。これはピグマリオン効果と呼ばれ、他人の思い込みが行動に影響を与えるため、他人のあなたに対する思い込みが真実になるという考え方だ。

ロバート・ローゼンタールはドイツ生まれのアメリカ人心理学者、大学教授で、ピグマリオン効果、別名ローゼンタール効果で最もよく知られている。これは、個人（多くの場合、子どもや学生）に対する信念や期待が大きいほど、機能が向上するという心理現象のことだ。ピグマリオン効果は、否定的な方向にも肯定的な方向にも自己増幅する。

では、デンマークと同じような「基礎を作るレンガ」がない国に住んでいる人は、ティーンのわが子との信頼関係を育むために、何ができるだろうか？　心配しなくていい。信頼は内部から生まれ、どこにいても積み上げて大切にすることができるからだ。親であるあなたが家族の基準を設定すれば、それが周囲のみんなに広がっていくだろう。どこの国の人間であっても、期待されることが自分の行動につながっていくのだ。

デンマークでは、ティーンがパーティに参加してお酒を飲むようになったら、何杯まで飲んでよいかと家に帰る時間を、子どもと一緒に決めて、枠組みを作るようにする。私の家庭でもそうで、ビールを1、2杯まで、午後10時までに帰宅すればOKとした。場所などの予定が変わったときは、ティーンは親に、電話かメールで必ず知らせる。このやり方で、ある程度の期間を順調に過ごせたら、要求や状況次第でルールを緩めてもいいが、必ず互いにきちんと信頼した上で行う。私は常に「あなたを信頼していることに、全面的に自信を持っている」と伝えている。そして、本当に自信を持っている。わが家は多くのデンマークの家庭と同じ手法を取っていて、このやり方はほとんどの場合、うまく機能している。取り決めをすることで、親とティーンの両方が穏やかな気持ちになれる。おまけに、もうひとついいことがある。親子で理解を共有しているので、ティーンが枠からはみ出したりルールを破ろうとしたりするのを防止できるのだ。

強調しておきたいのは、ティーンのわが子と対等にコミュニケーションを取り、しっかりと話を聞き、決断を尊重しようとする親は、消極的で、弱く、振り回される親と同じではないということだ。この2つを混同してはいけない。明確な枠組みを設定して、時には「ノー」を言う厳しさが大切だ。必要であれば、「ノー」と決めた決断を貫こう。裏表がなく、ぐらつかない信頼できる親になるためには、ルールや価値観の土台をしっかり持つことが求められる。それが、家のなかで敬意と愛情を与えられて、安心して自分の空に星を輝かせる子どもの基盤となる。その基盤は、厳しすぎず、親が健康的に築き上げたものが望ましい。親とティーンのわが子との間に、対等で意義深い信頼を機能させるためには、親が、日々の用事や決断において、しっかりと耳を傾け、理解し、子どものニーズに応える準備をしなければならない。信頼がなければ、何ごとにおいても共同作業ができないのだ。

第四章　自由遊び

自立と人格形成

　思春期は、親がわが子にこれまで意識的または無意識に教えてきたことが、試され、実践される時期だ。ティーンが成長するためには、何が自分にとって大事で何がそうでないかを、肌身で感じることが必要だ。自分にとって意義深い学びだと感じれば、その先の人生に取り入れることを積極的に選んでいくだろう。子どもが、自分の空の星をできる限り輝かせながら、自立し、自分の人生において、自らの意志で取捨選択し続けられるように育っていれば、これは健康的で自然なプロセスだ。この時期に備えて、親が「自由遊び」の概念を新たにすることをおすすめしたい。

「自由遊び」から、自制心、がんばる力、ストレスコントロール、交渉力、協調性を学ぶことができる。また、自由遊びは、創造性と想像力と共感力という、心身の健康を高める力を育んでくれる。

遊びを再定義する

親が陥りがちな落とし穴が、「〜をしてほしい」「責任ある大人として〜のようにふるまってほしい」と、前もって決めた上でティーンのわが子に意見をすることだ。今までどおり、直感的で遊び心のある生活をしてほしいと思いつつ、もはや小さな子どもではないので、親のほうも「遊び」の定義がよくわからないのだ。今どきの「遊び」とは、大人主導の活動なのか、ギャンブルや、友だちとのパーティなのか、お酒を飲むことなのか、SNSでインフルエンサーになることなのか？　もはや水たまりで飛び跳ねたり、木登りをしたり、虫の生態に夢中になったりしないとしたら、ティーン世代の「自由遊び」とは何だろう？

私たち親は、いつか、わが子には年齢や性別や民族や言語の壁を越えて交流できるようになってほしいと願う。遊びは世界共通のものだ。型にはまらず、遊びのなかから学べるという意識が、最良の成果につながりやすい。

しかし、この年齢の子どもに何を期待すればいいのかが不透明だ。ティーンになっても自然のなかで遊んだり、ボードゲームをしたりすればいい、と言うのはたやすいし、実際にデンマークでは多くのティーンがそうして遊んでいる。彼らは、この「ヒュッゲ」な時間を友人と過ごすのが大好きで、知的な挑戦をしながらも、気の合う仲間たちと過ごしている。それでも、年齢と共に訪れる自然な成長段階を見れば、興味が変化していることは明らかだ。だからこそ、遊びが重要なのだ。

自由で型にはまらない遊びであることが、重要なポイントだ。自由遊びの世界を通して、子どもは問題を解決し、他人と関わり、境界線を引くことを学ぶ。そして、何が自分にとって心地よく、何が不快なのかが明確になっていく。思春期においても同様の学びが得られる。ただし、まったく違った設定のなかで自由遊びを試すことになるのだ。ティーンのわが子の行動をこのように理解すれば、新たな視点を持って、何が問題なのかを見つめることができる。

以前から私と私の仕事をご存じの人は、私が自由遊びを絶大に支持していること、それが自己決定力とレジリエンス〈回復力〉にとって重要であることをご存じだろう。ティーンの遊び方を理解するにあたり、私は、ロシアの心理学者レフ・ヴィゴツキーの発達の最近接領域に関する考え方が、引き続き当てはまるという結論に達した。ティーンの遊びは、もはや私たちが知っているような自由遊びではない。ティーンはこれを、解放やクリティカル・シンキング〈物事や情報を無批判に受け入れるのではなく、吟味して論理的・客観的に理解すること〉、自発性、

「自立した自己」の形成として表現する。この過程を「形成」と呼ぶ人もいれば、「人格の構築」という呼び方を好む人もいる。作家のエルマー・G・レターマンはこう述べている。「ドアを開けるには生まれつきの気質が必要だが、ドアを開き続けるには後から身につけた性格が必要だ」。

> レフ・ヴィゴツキー（1896〜1934）は子どもの心理的発達に関する研究で知られるソビエトの心理学者。発達の最近接領域（ZPD）の概念において最もよく知られている。発達の最近接領域は、「個人による問題解決によって決定される実際の発達レベルと、大人の指導の下あるいは能力の高い仲間と協力しての問題解決によって決定される潜在的な発達レベルとの間の距離」と定義される。

自由遊びを、自立する段階におけるティーンが、試行錯誤しながら学んでいくことだとイメージするとわかりやすいかもしれない。ティーンは親のサポートを受けながら、自分自身に安らぎを見出せる完全な人間になるために、新しい小さな一歩を日々踏み出している。そして、自分の空にできるだけ多くの星を輝かせようとしている。自分を成長させるための「積み木」を、さまざまな形や状況を通じて手に入れてゆくのだ。ただし、脳をある程度は休ませることも必要だ。さまざまな情報からいったん離れて充電する機会を意識しよう。

家事が遊びになる

家事も遊びの一部、と書くと、びっくりされてしまうかも！　ほとんどのティーン、そして親でさえも、家事分担を遊びだとは思えないかもしれない。でも、私はあえてそう表現したい。

思春期に入る前の早い時期から、一緒に過ごす楽しい時間として子どもに家事をさせていれば、思春期に入ってからも、家事参加を続けることがごく自然に思えるだろう。やる気が出なかったり、忙しかったりして、サボろうとするかもしれないが、子ども自身が、家事による「脳を緩める」効果を体感していれば、責任を回避しようとする気持ちは起きにくいものだ。私は娘たちが、掃除機をかけたり犬の散歩をしたりしながら、気分転換をはかり、思考や機嫌を落ち着けるのを目の当たりにしてきた。家事をすることで、自分の能力に自信を持ちながら、問題に対処することができるのだ。

家事参加はティーンにとって、休息を得ながら新しいスキルを習得できる時間になる。音楽をかけながら作業をすると（多くのティーンはこれが好きだ）、コントロールできないランダムな日常のプレッシャーや期待から、必要な一時逃避ができる。こういった休息は健康上欠かせないものだ。また、期待や枠組みやタスクについて、親子で協力して取り決めを作っていけば、このフリースペースが、ティーンが精神的な成長や自己肯定感を得る機会になる。ヴィゴツキーの発達の最近接領域に沿って、再定義された自由遊びのなかで新たな知識を獲得して洗練させていくことは、ティーンが受け取る贈り物なのだ。

わが家では、娘たちは常に料理に関わっている。幼い頃は、キッチンテーブルの前に座って、ポテトの皮むきをしたり、キュウリを切ったり、生地をこねたり、ミートボールの形を作ったりするのを手伝った。10歳や11歳になると、週に一度、決まった日に夕食作りを担当した。自分の部屋は自分で掃除をし、家族の食事の後のテーブルを片づけ、食洗機を回すのを手伝い、必要なときは犬の散歩に行く。私たちは力を合わせてそういったルーチンを作ってきた。互いに頼り合い、当てにし合って、家族の役に立ってきたのだ。もちろん責任者は夫と私だ。何の強制もしないが、この価値観で暮らそうと決めてきた。娘たちには小遣いを与えるが、それは家の手伝いをするからではない。報酬を与えることだとは思っていない。家の用事は、家族の一員であるから自然に取り組むことなのだ。多くの人が違うやり方をしていることも知っている。娘たちに小遣いを与えるのは、お金を賢く管理して責任を持ち、欲しいものがあったときに貯金をやりくりする術を学ぶ必要があるからだ。モノを買うにはお金がかかる。だから使い切ってしまわないように慎重に管理すべきだと理解してもらいたいのだ。

ティーンに「あなたの責任の範囲」として家事を任せると、親は信頼と平等を示すことができる。「あなたとあなたの能力を信じています」というメッセージが伝わるのだ。長女のアイダは、長年にわたってケーキ作りの実験を行ってきた。想像力と、私のケーキ作りを手伝うときに垣間見たことに基づいて、自由に創作していた。ケーキを美味《おい》しくする材料や分量を部分的にしか把握していなかったが、思うままに自由に試していいことにしていたので、オーブンからさまざまな色と形のケーキが出てきた。たいていはガムのような味で、食べられたものではなかった。それでも、助けを借りずにケーキを焼くことを学びたいという関心と好奇心があるのは素晴らしいことであり、私は毎回、娘を満足させるために少しだけ味見をしていた。長女は年齢を重ねるごとに、何が必要かを理解するようになり、今では上手にケーキを焼く優秀なシェフになっている。まさに実践から学んだというわけだ。

家事の役割を担うことは、「人格形成」におけるプロセスとして、ティーンのためになる。世話をされるばかりで、コミュニティに貢献する必要のない人など、ほとんどいない。大多数の人は、家事をしながら日常生活を送る術を学ばなければならず、それはティーンも同じことなのだ。親は、やったことを修正したり意見をしたりするのを控えよう。子どものやり方に任せて自由にやらせることが、子どもの将来に備えることになる――結果ではなく、過程と最善を尽くそうという試みを認めてあげるのだ。そうすることが、子どもの自尊心を強化する。そして自分の貢献には大きな意味があるという信念が育まれる。子どもやティーンは、果たせる責任を持つことで成長する。習得するのにちょうどいい試練を得ることが大切だ。挑戦は楽しい。楽しいことが、遊びの本質なのだ。

> 「実践による学び」とは、アメリカの哲学者ジョン・デューイが説いた教育理論を指す。学習に対する実践的なアプローチであり、生徒は環境と関わりながら適応して学習すべきだという意味。

デジタルとの共存

私はデジタルに関する懸念をまったく感じずに大人になった。家には昔ながらのテレビがあり、夜には家族そろって何かしらの番組を見ていた。パソコンもスマホもタブレットもプレイステーションもインターネットもTikTokも何もなく、テレビしかなかった。当時は、他にやれることが多くなかったので、友人と物理的に交流することに多くの時間を費やした。

時代は変わり、今ではバーチャルの誘惑がひっきりなしに押し寄せてくる。娘たちは、私と父親のそばでそれを受け入れながら成長してきた。親である私たちもデジタルの宇宙を旅することを学んだが、今では娘たちのほうがはるかに上手になっている。家族でデジタルでの善良で倫理的な行動について話し合い、じっくりと膝を突き合わせて、どこに娘たちが魅了されるのかを興味を持って理解しようとしつつも、リスクや罠《わな》についての情報を提供し続けてきた。私と夫にはデジタルとの距離感がまだ少しあるが、娘たちは自信を持って日常的に使っている。デジタルライフは、自由に遊ぶことができる新しい居場所なのだろう。

現代のティーンは、どこに行くときにもスマホを手放せなくなった。常に手に持ったり、ポケットに入れたり、そばのテーブルに置いたりしている。今やスマホは、誰よりも忠実な仲間であり、周囲の人との関係を築いてくれるツールでもある。ティーンは返信しなければならないメールがいつでも届いたり、新しい情報が次々に入ってきて、その背景やみんなの感想を常にチェックしたりしている。

複数のやりとりを同時に行いながら、安全に世の中を渡ろうとするティーンにとって、デジタルなしの生活は考えられない。コロナ禍ではステイホームで退屈し切っていたこともあり、スマホが与えてくれるさまざまな機会に元気をもらい、夢中になっている。デジタルにストレスを感じているのではなく、むしろ生き生きとしている。少なくとも、そう信じようとしている。

しかしあなたのほうは、ティーンのわが子がスマホを手放さないときや、ベッドから起きてこないとき、「親の私のほうがよくわかっている」と思ってしまうだろう。


「外に出て新鮮な空気を吸ってサッカーをしたら？」

「オンラインに夢中になる代わりに、友だちと交流したら？」


あなた自身は、スマホが登場する前の、自由時間が自分のもので、その時間を使って印象を整理したり心を休めたりしていた時代を覚えていることだろう。しかし、そんな「自由遊び」の小さなスペースは消え失せてしまった。そのことが、ティーンのわが子の心身の健康に影響を与えているのだ。あなたも多くの記事などで、スマホを持つとどこにいてもつながるために、頻繁に使っているとストレスを生む可能性があることをご存じだろう。長期的には、ティーンのお子さんの心身の健康や睡眠をむしばむ可能性がある。

デンマークでは、インターネットにアクセスできる世帯は１００世帯中97世帯だ。アメリカでは、インターネットにアクセスできる家族の割合は約96％で、イギリスでは２０２０年に人口の約95％がインターネットを使っていた。このデータは、ティーンの若者たちが仮想の楽園に簡単にアクセスできること、そして深く依存しているのは彼らだけではないことを物語っている。私たち大人もそうなのだ。

携帯電話に関しては、デンマークでは96％、アメリカでは95％の人が所有し、イギリスでは現在の人口が6700万人でありながら、興味深いことに7900万件の携帯電話契約が登録されている。調査機関ワールド・ポピュレーション・レビュー〔WPR〕によると、2021年時点で全体としてユーザーの数が最も多いのは中国とインドだ。

アメリカでは75・4％、イギリスでは46％の人が「携帯電話に依存している」と考えている一方で、デンマークでは成人の4人に1人が「携帯電話への依存が強い」または「非常に強い」と感じている。しかし私には、世界と自分たちを比べて大きな違いはないように思える。デジタル世界はすべての人の日常生活に浸透しているので、多かれ少なかれ、似たようなプラスまたはマイナスの影響があるはずだ。

若者に関して言えば、デンマークのティーンは1日平均5時間をスマホに費やしている。イギリスでは6・5時間、アメリカは実に7時間22分であり、学校の宿題のためにデジタルの画面を見ている時間は含まれない。子ども向けの安全なテクノロジーとメディアを推進する非営利団体コモンセンス・メディアの2019年の報告書によると、本を読んだり音楽を聴いたりするなどの活動を加えると、スマホに費やす時間は9時間49分に跳ね上がったという。これは私にはとても長い時間に思えるし、10代の頃にデジタルプラットフォームにアクセスできなかった自分が何時間も他のことに費やしたと思うと、これが若者にどんな影響を与えるのかと考えずにはいられない。その年齢の頃の私の時間の過ごし方として、最初に思い浮かべるのがトランプ遊びだ。友人たちがやってきて、平日の午後から夕方まで、お茶を飲んだりトランプをしたりと、えんえんと一緒に過ごした。本もたくさん読んだ。近くの図書館の本棚にある本を全部読んだこともあった。そう、時代は確実に変わったのだ。

私はいつも、娘たちに期待することと自分の行動とを照らし合わせるようにしている。デジタルの時間数については、恥ずかしながら、今の私は必ずしもよいお手本になっていない。スマホを使って、毎日インスタグラムに投稿したり、新聞を読んだり、LinkedIn（リンクトイン）で友人や同僚の近況をチェックしたりしている。多くの大人がスマホ依存になっている今、ティーンのわが子だけに問題があるかのように叱る前に、自分自身を見つめることをおすすめする。

インサイト・マネージャー社のアン・エスケロド・ボルグストロムによると、ティーンエイジャーの日常的なデジタル・コミュニケーションにおいて、特に3つのメディア・プラットフォームが重要な役割を果たしているという。ひとつめはスナップチャット。まるで教室にいるように自由に交流できることから、現実を最も直接的に反映しているのが、このプラットフォームだ。2つめはフェイスブックだが、ティーンはそれほど積極的に利用しない。サッカーやダンスのコーチからメッセージをもらうといったことに使っていて、10代から見ると、フェイスブックは主に大人主導のコミュニケーションツールだ。3つめはインスタグラムで、インスピレーションを得たり、自分自身を演出したりするための人気のプラットフォームだ。インスタグラムでは相互フォローをするが、スナップチャットのような直接的な会話はない。自意識を高めて完璧な自分を見せる場所だ。またTikTokも関心を集めていて、2021年にはユーザー数が10億人になると言われている〔2023年には月間のアクティブユーザー数が10億人を超えた〕。

悲しい事実として、多くのティーンが、同時に複数のスナップチャットのグループと連絡を取り合うために、部屋にひとりでいることを好むという。そうすることで、仲間はずれではないことを確認しながら、全員をフォローし、反応することができるのだ。ティーン世代は成長するにつれ、SNSのない世界はあり得ないと考えるようになった。失うものが多すぎるのだ。表面的なデジタル関係よりも有意義な満足感を与えてくれる、現実世界での親密で深い関係を失ってしまっているのは、悲しい傾向である。デンマークの15歳女子のわずか7％、15歳男子の13％しか、放課後に友人と実際に会って時間を過ごしていない。これは心配なことだ。自分の本当の姿を友人に見せるためには、身体的な接触が必要だ。ティーンは、簡単でアクセスしやすく、即時に満足感が得られることを選択しがちで、長期的な影響については理解しておらず、考えてもみない。オンラインを使わないことの影響のほうが重要なのだ。私は、将来的に彼らがSNSとのよりよい付き合い方を学習できることを願っている。では、私たち親はどのように関われればいいだろうか？

ティーンの子どもは、フェイスブックやインスタグラムに写真を投稿したり、コメントを書いたり、近況を更新したりと、常に友だちと情報を共有している。ただし情報から恩恵を受けるのは友人だけではない。多くの企業も若者たちの好みを知りたいと考えている。企業はこの情報を利用して広告のターゲットを絞ることができるからだ。ティーンがページに「いいね！」をすると、その背後にいる企業が自分たちのページに投稿することを暗黙的に許可することになり、商品の購入をうながす宣伝に加担してしまうのだ。多くのティーンはその事実を知っていながらも、あまり問題視していない。しかし、私はもう少し懐疑的だ。なぜなら、フェイスブックやグーグルが好みを把握しようとする過程で、濃淡のある世界観を反映しない、一方的なコメントや記事だけが表示されるリスクがあるからだ。幸いなことに、情報の共有を制限するさまざまな機能があるので、ティーンはそれをしっかりと学ぶべきだ。そうしないと、ゆくゆく後悔することになりかねない。

常にスイッチを「オン」にして関わり続けるとストレスがかかる。10代の若者の多くはデジタル・ソーシャル・メディアを大量に消費しているので、多大なプレッシャーを感じている。朝起きて最初にするのは、スマホをチェックして、夜間に入ってきた情報を確認することだ。夜眠りにつく前に最後にするのもスマホのチェックだ。多くの人はサウンドを「オフ」にせずに寝るので、新しいメッセージが届くたびに目が覚める。これでは安眠の妨げになるし、心も休まらない。

あなたがティーンのわが子にスマホをデトックスさせ、新しい自由遊びの習慣を身につけさせたいと考えているとしよう（おそらく、自分も一緒に）。その場合、まずは子どもに質問をしよう。スナップチャットやTikTok、インスタグラムに多くの時間を費やすことで何を得ているのか？　投稿が気になって眠れないとき、どんな心理状態なのか？　ティーンのわが子が感じる問題について話し合い、対処することが必要だ。分別のある考え方とは言えないが、ほとんどのティーンは、何かあるとすぐに会話やアップデートを逃したと感じてしまい、自分を理解されない、コミュニティに含まれていない存在だと位置づけてしまう。仲間に入っているのか外側で孤立しているのかは、子どもにとって生きるか死ぬかの問題のように感じられることかもしれないので、親のあなたが見逃してはならないポイントだ。わが子は、どのくらいスマホを使っているだろうか？　依存している気配はある？　親子で過ごすはずの時間をパソコンやスマホの画面に取られすぎているように感じる？　わが子の世界を理解できているだろうか？

スマホ使用のルールを導入するのであれば、親は理由を説明し、大切なものを取り上げているという意識を持とう。私がいつも主張するのは、脳は翌日をフレッシュに迎えるために、夜に休息が必要だということだ。これが娘たちにとっても理にかなう説明だったので、納得できる範囲でバランスを取ろうとしてくれた。娘たちが17歳で高校に入学するまでは、夜はスマホをキッチンに置くという取り決めをしていた。これが私たちの優先順位だった——今でもそうだ。夜はぐっすり眠ることが最優先なのだ。ただし今では、娘たちは夜間にスマホをマナーモードにして、寝るときもそばに置くようにしている。私は自営業なので、カウンセリングをしていないときはパソコンの前に座っていることが多い。ほぼ一日中パソコンに向かっていることもあり、仕事の手を止めようと積極的に決めない限り、家族としっかり向き合うことができない。私自身が上手にできていないのだ。ただし、スマホは常にマナーモードにして、キッチンのテーブルの上に置いている。メールの返信も苦手だ。仕事のプレッシャーでストレスが溜《た》まるので、そのあたりは気楽にやろうと意識している。私はかなり真面目なので、すぐに反応して期待されたことをやりたくなる。でも、細切れの用事をこなしていると意識が分散して仕事に支障が出るので、あえて避けているのだ。そうすることで、私は自分自身を大切にしている。たとえ他の人とはペースが違うことがあっても、常に対応する必要性を減らして、目の前のことに集中しやすくしている。

現実問題として、使用時間が長すぎるとスマホに依存する可能性がある。身体も心も徐々に変化していくのだ。以前は明るく好奇心旺盛で、生きる意欲に満ちていたティーンが、突如として不機嫌で攻撃的で短気な若者へと変貌し、社交的な行事から遠ざかり、下降スパイラルに陥って、なかなか回復できないこともある。スマホ依存症にもさまざまな種類があり、とりわけゲーム依存症は10代の少年に多く見られる。

ゲーム依存症は、脳の報酬中枢からドーパミンというホルモンが分泌され、高揚を感じることをくり返しながら、ゆっくりと進行する。ドーパミンが活性化するのは、よい成績を取ったり、サッカーでゴールを決めたり、木の高いところに登ったり、課題を解決したり、コンピューターゲームで新しいレベルに到達したりするときだ。気持ちがよいだけなので、親は、すぐに子どもに影響が出るとは思わないかもしれない。そして、ある時点で急に気づくのだ。親は、わが子の興奮したふるまいに対処する手段もなく、無力感にさいなまれる。ゲームは徐々に、ドーパミンのシステムを支配し、脳はホルモンであふれかえる。反応のひとつとして、脳はドーパミンに対する感度を下げはじめる。すると、それまでティーンの若者を満足させ、幸せにしていた日常的な体験が、突然物足りなく感じられ、コンピューターゲームが脳を満足させる手段となる。10代の若者の多くが、ゲーム以外のことをしても爽快感が得られず、やる気が起きないのは、これが理由なのだ。

もうひとつの副作用は、ゲームには磁石のように引きつける力があることだ。脳がゲームの報酬に慣れてしまってから、学校や友人と一緒にいるときやスーパーマーケットで、コンピューターゲームに関連づけられることに遭遇すると、手早く報酬を得られることを期待して自動的に反応してしまう。思考が、常にゲームに戻ろうとするのだ。砂糖や甘いものを食べないと決めても、それを考えずにはいられないのと同じだ。

そして最後に大切なことを書かせてもらいたい。それは、脳はしなやかに変化する器官であり、使われる領域だけが発達するということ。つまり、衰える領域もあれば、強化される領域もあるわけだ。ただし、いくつかの基本的な領域は子どもの頃に発達する。「言語」「運動能力」「動作」「他者との社会的接触」の領域だ。ところが、ティーンがスマホで遊ぶ時間が多いと、こういった分野が鍛えられなくなる。ひとりで同じパターンをくり返すだけになるからだ。1日のスクリーンタイム〔デジタル機器の画面を見る時間〕が2時間を超える場合は、注意が必要だ。

脳の特定の領域が鍛えられていないと、感情反応についての脳の衝動制御が阻害される可能性がある。これは悪循環にしかならない。そうなってしまったティーンは、困難に対処することや、怒りを制御することを難しく感じる。すると、かんしゃくを起こした後に、なぜ自分がそんなに強く反応したのか理解できず、動揺してしまうのだ。

親が覚えておいてほしいのは、思春期には、さまざまな実験や自由遊びなど、たくさんの経験が必要であるということだ。ティーンは、自分が望むからといって、スマホやパソコンの前に座るだけの生活を許されてはならない。10代の若者には新鮮な空気と光が必要であり、決して外の世界から孤立すべきではない。長期的には彼らにとって何の利益にもならないからだ。社交的になり、人とつながることが必要だ。人生が投げかける課題に向き合うことも。自然のなかに出かけ、人と交流し、楽しい活動（と家事）に参加することも。自分の存在意義を感じる必要もある。そのためには、家族、友人、コミュニティと関わりながら、自分を磨いて賢くなることが求められる。

今の時代、ティーン世代にプレッシャーがかかりすぎていることは確かだ。だからこそ、親が健全なデジタル・バランスを見つける手助けをすることが、ますます重要になっている。

たとえ彼らが「デジタルネイティブ」だとしても、生まれつきコントロールする能力を持ち合わせているわけではない。お菓子を食べる量をコントロールする能力を持って生まれていないのと同じだ。それは私たち親が教えなければならないことであり、そのためには、ティーンのわが子の世界に精通して、彼らにとって何が得で何が損なのかを理解する必要がある。しっかりと話し合い、「スマホを納得して手から離せるのはいつ？」とたずねてみよう。食事のときや寝るとき、一体感のある「ヒュッゲ」の時間を過ごすときには、目の前にスマホがなくてもいいはずだし、物理的に目の前にいる人を優先すべきだ。ティーンにスマホを置くことに意味があると教えるために、まずは親が手本を示そう。幸福感が高まり、ストレスや孤独感が軽減することを実践で伝えるのだ。デジタル教育はひとりでに身につくものではない。親が先導してできることなのだ。

勇気を育む

勇気は「希望」の仲間であり、発達の最近接領域と密接に関係している。勇気と希望につながりがあるのは、「思い切って行動する、何かを達成する、何かを創造する」ときの勇気には、希望が潜んでいるからだ。勇気とは新しい領域を開拓することであり、ティーン世代はしょっちゅうこれを行っている。長女がアフリカに渡り、ザンビアの学校でボランティアの教師をしたときもそうだった。ザンビア滞在中に、ビクトリア湖の滝にかかる橋からバンジージャンプで身を投げたときも。あるいは、地元の学校で19歳の臨時教師として大勢の生徒の前に立ったときも。勇気は、ほとんど目に留まらない日常の小さな出来事にも存在している。人に心を開いて接すること、遠くの友人に連絡を取ること、念願だった申し出に思い切って「イエス」と言うこと……。

勇気を出すことは自由遊びを試すことでもある。ティーンが新しい社会的関係に足を踏み入れるとき、どれほどの勇気が必要かを考えてみよう。勝ったり負けたり、面目を失って拒絶されたりと、そういったことはしょっちゅう起こる。子どもの頃、初めて木の切り株の上でバランスを取るときと同じように、転んだり、他の人が自分より速くて上手だったりするリスクを冒しながらも、あえて挑戦するのだ。大人の手を借りることもあるが、ティーンになると、そうでないことも多い。いつも成功するわけではなくても、ティーンは自分を成長させるための試みを、勇気を出して行っている。

勇気とは、ティーンが立ち上がって意見や価値観を主張することでもある。親のあなたは、それをおせっかいで無礼だと思うかもしれない。しかし、そうではなくて勇敢なのだ。なぜなら、友人や周囲から吸収したあらゆることを実践で試そうとしているのだから。そういった経験を通じて、ティーンは知恵をつけて賢くなっていく。親をいらだたせるかもしれないが、健全なことであり、逆に親のほうが、わが子に何が起こっているのかをわかろうとしなければならない。多くの場合、ティーン自身も何が起こっているかを理解しておらず、どうしてもしなければという強迫観念めいたものに感じることもある。そんなとき、親が根底にある理由を理解することができれば、共感を持ってわが子に向き合えるだろう。

何年か前、ある少年のセラピーを行った。彼は何度か自殺をはかったが、精神科での治療を望まなかったので、私のところに紹介された。彼の家族は感情について語ろうとせず、彼の人格を無視して成績と学業のことばかりに注目していた。彼は自傷行為をし、数日間家から逃げ出さないときには、つらさにじっと耐えていた。

デンマークには、「あなたは家族の規範から外れた黒い羊である」という少し否定的な言い回しがある。家族のなかで不当な扱いを受けていると感じる人もいるだろう。適応することを学んではいるものの、ありのままの自分を見てもらえず、愛されていると感じることがない。頼るべき人に、本当の自分自身が――自分の空の輝く星が――受け入れてもらえず、認められない環境で生きるのは、どれほどつらく理不尽なことだろう。

この美しい青年は、生きたいと願う根源的な力を内に秘めていた。そしてしばらく時間をかけて、アイデンティティを確立し、家族から自立するために努力をした。自分が何者であるかが明確になり、わが道を進もうという勇気を持った。彼の行動はセンセーショナルなものでも、異質なものでもなかった。しかし、彼にとって健全でなかった家族構成と決別して、怒れる若者としてではなく、自分に必要な人生の選択を支持できる強く自立した若者として、どん底から這《は》い上がった。そうやって人生が進むこともある。美しい魂が、あきらめることなく、夢見た人生を切り開く勇気を見つけたのだ。

あなたのティーンのお子さんがあえて弱みを見せるのも、勇気を出しているときだ。ある種の厳しさが求められる世界なので、弱みをさらけ出すのは勇気がいることなのだ。美しさの理想であれ、よい成績であれ、多くの「いいね！」であれ、仲間に入れてもらうことであれ、ティーンが守りたいことは、たくさんあるのだから。

私は、勇気を出して心を開き、悩みや戸惑いや不確実さを共有できる人を、尊敬する。そんな人が、かけがえのないお手本のように映るのだ。なぜなら、その行動は救いと親近感を与え、他の人たちにも広がっていくからだ。もちろん、心を開くためには安全な雰囲気が必要だ。時々、カウンセリングで孤独な若者に出会うことがある。頼れる人がいなくても、自分の弱い面を感じていいと思うことで、他の多くの人よりも強さがある。それは称賛に値する。私はいつも娘たちに、自分の考えを親や親しい友人と共有することが大切だと教えてきた。誰もが他人の弱さにどう応えればいいかを知っているわけではない。しかし心を開き、あえて弱さをさらけ出すことで、多くの人は応えてくれる。信頼は信頼を生む。勇気はさらなる勇気を生むのだ。

勇気とは、ティーンが自分自身を試して、何が自分に向いていないかを判断して賢くなることでもある。酒を飲み、パーティに行き、マリファナを吸うかもしれない。キスも経験するだろうし、どこが境界線なのかを試しながら、基準を決めていく。笑いがあり、涙があり、友情が消え、新たな友情が加わる。子ども時代に植えつけられた規範や価値観が試され、継続するものもあれば新たに進化するものもある。これがティーンの生活であり、ティーンの親の生活なのだ。

ティーンを、「何ごとにも全力を注ぎ、あらゆることを学び培っている勇敢な人」という視点で見てみよう。ティーンであることは、途方もない勇気を必要とすることなのだ。希望と信念を胸に、勇気を持ち続けることが、あらゆることをしかるべき形で実行し続ける原動力だ。それが、強く自信に満ちた人間を作る自立心と人格を構築するのだ。

第五章　人格形成
デンマークの「エフタースコーレ」

「エフタースコーレ（efterskole）」をご存じだろうか。英語に直訳すると「アフター・スクール（after school）」という意味だ。

「エフタースコーレに予約を入れたほうがいい？」
「エフタースコーレで、何をするつもり？」

さて、この場合の「エフタースコーレ」とは、自由に遊んで最高の時間を過ごす居場所のことだ。この14歳から18歳までの生徒を対象としたユニークなデンマーク独自の寄宿学校についてはあまり知られていないが、現時点では、デンマークの全学生のほぼ40％が、1年間、2年間、または3年間利用している。

エフタースコーレ（efterskole）という言葉は、英語に直訳すると「after school」で、全寮制の独立学校という意味で使われることが多いが、これは正確な表現ではない。デンマーク語・英語の辞書には「継続学校」とあるが、これもエフタースコーレの目的と形態を誤解させる表現だ。したがって本書では、ティーンが参加できるこのデンマークの特別な場所のことを、エフタースコーレと呼ぶことにする。

子どもがエフタースコーレに入る場合、親がエフタースコーレに参加経験があるか、少なくとも参加した知り合いがいると思って間違いない。私の姉妹たちも何年も前に経験したし、友人や同僚やご近所仲間の子どもたちも経験している。私自身は機会があったときに参加しなかったが、後になって、卒業してからエフタースコーレに似た、ただし試験がないユース・フォークハイスクール〔フォルケ・ホイスコーレ〕に1年間通った。娘たちにも同じ機会が与えられたが、2人ともやりたいという気持ちがなく、通常の学校制度を休まずに直接大学に進学することを希望した。

しかし多くの場合、10代の若者が行きたいと思えば、この伝統は世代から世代へと受け継がれていく。また、弱い立場にある学生を安全で安心できる環境で1年間成長させるために、公的機関からも何人かの生徒を送り込んでいる。成長中の多様な若者たちの生活を丸ごと、これほど細やかかつ凝縮して受け入れてくれる場所は、他には探せないだろう。ティーンが、記憶や経験が長期的な影響を与えると意識せずに、美しくありのままの「今」を享受し生きることができるのが、エフタースコーレの精神が大いに歓迎されるゆえんである。

大人の予行演習

エフタースコーレが提供するのは、慣れ親しんだ安全な環境から離れて見知らぬ人たちと暮らすときに始まる「大人の生活」の疑似体験だ。エフタースコーレに入ることは、自分の新しい側面を知ること、髪を緑に染めること、ブラジャーを外すこと、友だちと掃除をすること、食事の担当チームに参加すること、賛美歌を歌うことを意味する。エフタースコーレは、音楽であり、スポーツであり、演劇であり、自然であり、芸術だ。ホームシックに耐え、親友を作り、初めて恋に落ち、笑い、泣き、喜び、挑まれる。エフタースコーレは、団結力と自由遊びと人生の知恵に満ちている。偏見は打ち砕かれ、自尊心と自信と自己評価が、最良の形で高められる。

こう書くとユートピアのようだが、もちろんそうではない。ティーンはそれぞれが異なる経験をするし、何ごとでもそうだが、しばらく経って日常生活がドアをノックするにつれて、喜びや興奮が薄れてしまい、人生が厳しく感じられることもある。それもまた、エフタースコーレでの生活に織り込み済みの、経験の一部だ。自分を無視する女子と向き合わないわけにはいかないし、授業に出て宿題をしなければならない。

エフタースコーレの教師たちは、生徒たちの内面と人との関わりの両方において、大小の浮き沈みに対処すべく準備を整え、仕事に打ち込んでいる。生徒の成熟度はさまざまで、大人が近くにいることで安心する者もいれば、ひとりで十分やっていける者もいる。エフタースコーレの特色のひとつが、教師と生徒の関係である。教師は教育指導に加えて、授業時間外の生徒の監督に責任を負う。つまり教師と生徒は、朝起きてから寝るまで一日中一緒なのだ。生徒は、サポートや補助が必要だったり、ちょっとしたハグが必要なときに、決してひとりで放っておかれることはない。教師と生徒の間には親密で個人的かつ型通りではない関係性が生まれ、教師が不可欠で重要なロールモデルになるのだ。

現代のティーンの悩み

今の子どもたちは、チャンスに恵まれた時代に生まれており、生産性が重視される社会でもあることから、「自分が望む限り、何にでもなれる」という意識が強い。その反面、成功できなかったときに、自分を責める若者は珍しくない。たとえば、時間が許す限りあらゆるチャンスを活用したつもりなのに、まだ成功できないとしよう。すると彼らは自分を責め、非難を内側に向けるのだ。

「学業がふるわず、よい成績が取れなくて、求めていた評価が得られなかった。今の自分がダメなら、将来、何者にもなれない」

成長期のティーンの肩には、大きなプレッシャーがかかっている。そのため、多くの若者が不安や孤独感に苦しみ、自殺願望を抱いている。残念なことに、頼る人がいないケースが多いのだが、これは、対処するべき重大な問題だ。

このプレッシャーに、エフタースコーレは素晴らしい方法で立ち向かおうとする。誰でも、あまりにも長い間、本当の自分を隠し続けることは不可能だ。いつか仮面ははがれ落ちて、素顔のありのままの人間が現れる。すると、無防備で危なっかしい一方で、逆に嬉しいことが起きる。前作『デンマークの親は子どもを褒めない』で詳しく説明したように、周囲との「一体感」が生まれ、純粋に受け入れられている感覚が伝染していくのだ。

あなたがティーンのわが子に望むのは、「ありのままの自分に満足し、ありのままを受け入れてもらえると感じること」ではないだろうか？　私にとってはそうだ。子どもたちには、自分の空を満天の星で輝かせてほしいと思う。娘たちはエフタースコーレに通うことに興味がなかったので、私たちは家族4人全員で、夏の間、フォーク・ハイスクールに3年間通った。娘たちが、エフタースコーレに似た独特の雰囲気と多様性を感じ、熱心で献身的な教師に出会ってほしいと思った。そこには私が子どもの頃から受け継いできた価値観と同様の、デンマークの永続的な価値観がたくさんあるからだ。

エフタースコーレでの1年間は、卒業証書には載らない人生経験であり、履歴書や求職申し込みの売り文句としても使えない。しかし、子どもが早くから小さな大人として扱われ、遊ぶスペースがほとんどなく、遊び以外のあらゆることが測定され評価されることが望ましいとされる世界では、記憶と経験のほうがはるかに重要だと、私は思う。エフタースコーレは、外の世界をいったん保留にして、年齢に応じたペースで生活して花開くことが許される自由な空間を与えてくれる。1年のうちに、自由と自立を、段階を踏んで味わうことができるのだ。人間関係、感情、教育の点で非常に大きな影響を与えることから、「エフタースコーレでの1年間は人生経験の7年に相当する」と評する人もいる。

設立の経緯

エフタースコーレは偶然生まれたわけではない。「通常の学校教育の後の学校」を必要とする教育学上の必要性に基づいて設立された。教育と啓蒙《けいもう》と民主主義を通じて、社会における共有存在と社会的結束に貢献する学校の形態であり、エフタースコーレと自由職業訓練校に関する行政命令には、「エフタースコーレは、人生のための啓蒙、一般教育、民主的な市民権に貢献しなければならない」と記されている。行政命令には、エフタースコーレの任務は教育全般であると同時に、生徒の人格形成を支援する広範な任務も担うことが明文化されている。

最初のエフタースコーレは、約150年前に設立された。エフタースコーレは、デンマーク・フォーク・ハイスクールと密接な関係があり、学校に形式的な職業訓練ではなく、人生に対する啓蒙を提供することを望んだ牧師、作家、詩人であるN・F・S・グルントヴィ（1783~1872）の教育思想があった。グルントヴィの先見的な考えを最もわかりやすく教育実践へと変えたのは、教師のクリステン・コル（1816~70）だった。

グルントヴィがフォーク・ハイスクールを成人向けとしたのに対し、コルは思春期を迎えた若者を対象にしようと考えた。そのため、1851年にリスリンゲに設立されたコルの最初の学校は、若い農民を対象としたもので、ここが最初のエフタースコーレとして知られている。有名な話に、コルが田園で若い農民に出会い、自分のエフタースコーレに来るよう説得したというものがある。将来の農業にとってそれが何の役に立つのか、とたずねられると、コルは懐中時計を持っているか、とたずねた。若い農民はそれを持っていたので、コルはこう続けた。「その時計は、しばらくの間は動くが、再びねじを巻かなければならない。しかし私の学校に来れば、あなた自身のねじがしっかりと巻かれ、決して止まらないようになる」。

人格形成

「人格形成」とは、洞察力のある（教育を受けた）人間になること、そして、十分な自律性を持って、価値ある賢明な決断を下せるように自分と他人を導けるようになることだ。この理想を実現するために、歴史上、学校と教育制度には、人格形成のプロセスにおける独自の役割を与えられてきた。同じことはエフタースコーレにも当てはまる。

私にとっての人格形成とは、歴史や規範や文化的伝統に加えて、その長所と短所をよく知ることだ。それにより、選択したから報われるとか、選択しなかったから罰せられるとかいうことではなく、自分が望んで価値観を選択するようになってほしいと思う。人格形成は、自己決定を学び、親や教師に頼ることなく自分で選択する力を養うことだ。そのためには、クリティカル・シンキングを養い、家庭であれ教室であれ、「自分もまた主《オーナー》である」という意識を持たなければならない。言い換えれば、ティーンの子どもには内面的なグラウンディング（自律性）が必要だ。そうでなければ、友だちが何をしているかが常に気になるために自分の力で立つことができない、何をヒントにすべきかを見つけるために常に大きな輪の周りを探し回る、外部からコントロールされたティーンになってしまう。一方で、内部から自分をコントロールできるティーンは、家庭内でもティーン世代の教育システムのなかでも、人格形成によって得た自分の視点と価値観と規範という基盤を持っている。

エフタースコーレや普通学校では、この人格形成のプロセスを他の生徒との協力のなかで育てていく。日常生活を最適化するための雑用や仕事をチームで行う場合、全員が平等に貢献し、責任を共有するよう努めなければならない。これを成功させるために、生徒たちは互いにコミットメントを感じ、互いを尊重し、相手の視点を大切にする。人格形成とは、関心と敬意を持って他人の話に耳を傾け、提示されたものをしっかりと吟味する立場を取ることだ。すべてを当然のように受け入れないことが賢いやり方なのだ。人格形成の前提にあるのは、誰もが必要な土台としてルーチンや一般的な慣習を学ばなければならないということだ。そうすることで、誰もがルールから自由になり、最終的には啓蒙的な基盤を元に民主主義を選択することができる。人格形成のプロセスは、エフタースコーレやデンマークの教育システム全般のいたるところで見られる。

親が手放すこと

なぜデンマークの親は、多感な時期のティーンを手元から放そうとするのだろう？　ティーンが反抗的な態度を取らないように、そばに置いておくべきではないのか？　自分たちとは（または誰とも）違う価値観の持ち主からネガティブな影響を受けたらどうするのか？　小さい頃から積み上げてきた貴重なふれあいの時間がなくなるのに？　子どもが帰ってきたときに、わが子だとわからないほど変わっていたらどうしよう？

未来に何が起こるかわからないとき、恐れが大きくなり、不信がつのるのは当たり前のことだ。親は、「ここで踏んばって、子どもにとっての最善のためにコントロールを失わないようにしなければ」と感じるものだ。なぜだかわかるだろうか？　こうした思考は、すべて自分に関することなのだ。自分の消えてしまった星がうずくからと、ティーンのわが子の星を消してしまうのは、フェアじゃない。今飛ぼうとする練習をしているのは子どものほうなのだ。そのスキルを、親のあなたは長い年月をかけてわが子に教えてきたのではないか。だから今この瞬間、あなたは自問しなければならない。

「私の思考を今コントロールしているものは何だろう？　私は無意識に行動しているのか、それとも意識的に行動している？　自分の神経を落ち着かせるために、どうすれば『いったん休止』ができるだろう？　どうすれば子どもの星空を存分に輝かせることができるだろう？」

そこで、「自由」の特徴と「遊び」の重要性に目を向ける必要があるのだ。

エフタースコーレに子どもを預けることは、親に残されたわずかなコントロールを手放して、ティーンが経験する必要のある成長プロセスを信頼することだ。それはまた、あなたの心の一部を癒やすことにもなる。デンマークの親の多くは、エフタースコーレでの滞在の後に、子どもが学業面と人間性、社交性において、全体的に強くなったことを実感している。学業面と人間性、社交性を同時に伸ばすというユニークさが、エフタースコーレの本質だ。この成長は、ティーンの将来の教育やキャリアにとって不可欠なので、親たちは大きな期待と喜びを持って、わが子の参加を歓迎するのだ。

エフタースコーレでは、保護者との連携が最適に機能するように、多くのことが行われている。年間を通じて生徒と保護者とが話をする機会がある。保護者は行事に招待され、保護者との交流がない行事はＳＮＳに投稿される。質問はすべて歓迎され、オープンで前向きな対話が常に優先されている。鍵となるのは、親と子どもの相互信頼だ。幼児が木の幹に登るときに、わが子ならこの新しいステップを習得できると親が信じるように、ティーンのわが子が今いる、安全な環境のもとで自由に展開するわが子の世界を、親が信頼するのだ。

安くはない費用

エフタースコーレでの1年間は義務ではないし、デンマークの普通の学校のように無料で通えるわけでもない。エフタースコーレでの1年間の費用は約1万3500ポンド（約1万6000ドル）で、デンマーク国民でない場合は前払いが必要だ。デンマーク人の場合、金額は両親の収入に左右されるが、全員が何らかの国の支援を受けている。エフタースコーレは独立した組織、つまり「フリースクール」であるため、施設やアクティビティの内容に応じて独自に料金を設定している。子どもをどこに行かせるかによって、料金に大きな差が出る可能性があるのだ。エフタースコーレには規模の大小があり、内容やニーズの対応に違いがあるため、料金が必ずしも質のよしあしを示すわけではない。

私は、人生に真剣に悩んでいる若者のカウンセリングをしているが、彼らにとって、エフタースコーレでの1年間が大きな価値となっている。恵まれたティーンに溶け込むチャンスを与えてくれる親がいない場合でも、デンマークの制度は、たとえ費用が自力で賄えなくても、すべての人に平等な機会が与えられるように機能している。こういった若者のために、関連する自治体が、エフタースコーレと費用を分担するか全額を支払うことで、居場所を提供しているのだ。デンマークはこういうことが可能な福祉国家であり、このような人格形成が高く評価される民主主義の基盤が、私たちには必要不可欠なのだ。そのような支援を受ける生徒の割合は少ないが、支援そのものは毎年存続している。

デンマークが福祉国家であることは、多くのデンマーク人にとって当たり前であり、デンマークという国の本質である。福祉の総額は高額だが（年間880億ドルと推定される）、その見返りとして、この国の人々に安心と平等の機会を生み出している。私たちは皆、病院や教育を無料で利用でき、ひどい貧困に陥らないようサポートされている。デンマークの福祉は、同国がヨーロッパで（そして世界で）最も平等な社会のひとつであり続けることに貢献している。

日々の生活を人格形成の場に

人格形成は、エフタースコーレでの1年間だけに限らず、家庭での日常的な実践や、個人が足跡を残した場所を通じて育まれる。その日のことを話したり、自身や他の人の行動を振り返ったりするときなど、大なり小なりさまざまな場面を通じて、人格が形成されていく。たとえば、親がティーンエイジャーに現実と空想の区別を教えるとき。オンライン上の倫理や行動について教えるとき。読んだことすべてを信じてはいけないことを教えるとき。気遣いと思いやり、心を開いて寛大になることを、実践して示すとき。見知らぬ人に親切にし、見返りを期待せずに手助けをするとき。10代のわが子を信頼し、夢を支えてあげるとき。自意識を持つわが子を認め、尊敬と愛に満ちた関係を共有できるよう努力するとき。人格形成には意識的と無意識の両方があるが、ティーンのわが子に、時には不確実な多様性に満ちた世界で、健全かつ持続可能な方法で、自力で立つリスクを冒せる自己思考型の人間に成長してもらいたいのなら、意識的に働きかけるといいだろう。

両親の関係は、家族全体の生活の質に大きく影響する家族の絆のひとつだ。そこに対立があれば全員に影響して、家庭内のエネルギーが不安定に感じられる。結局のところ、パートナーとの在り方は、ティーンにとって、社会的行動や感情の扱い方についての最も重要な手本となる。だからパートナーとの関係は、ティーンの養育と情緒の安定した発達のために非常に大切だ。そして、家族のなかであなた自身が成長するためにも重要なのだ。もちろん、すべての衝突を避けられるわけではない。しかし衝突を建設的に解決して和解に至るのであれば、両親の争いはティーンにとって、将来的に争ったときの対処法についての優れた手本になる、ということを強調しておきたい。

デンマーク人は、人格形成を、たいていは無意識のうちに、常に行っている。ティーンのわが子の肯定的な人格教育に意識を持ち続けたいのであれば、親であるあなたが、自分の規範や価値観に従って行動する余裕とエネルギーを持って生活することが大切だ。しかし、常にそうできるとは限らない。デンマークの学校や教育機関では、すべての青少年が多かれ少なかれ人格を育めるよう、さまざまな学校規則に定められていることをお伝えしておきたい。

評判が世界へ

韓国は、デンマークのエフタースコーレのモデルに注目している。作家、企業家、ジャーナリストとして活躍するオ・ヨンホ氏は、デンマークのエフタースコーレの哲学を知ることが、デンマークの民主主義、デンマークの企業、デンマークの文化、そして、なぜデンマークが長年にわたって世界一幸せな国に選ばれているのかを理解する鍵になると考えた。そして、デンマークの幸せな社会の秘密は、幸せな教育と密接な関係があることを見出した。彼はデンマークの文化、森の幼稚園、フォーク・ハイスクールとエフタースコーレのすべてを学びたいと考え、教育者と投資家と学生からなる代表団を結成し、２０１３年から23回デンマークを訪れて、デンマークの教育原理を掘り下げた。彼が特に魅了されたのは、教育の流れや従来の考え方に従わず、ものごとを違った視点から見る権利を与えられていることだった。

オ氏は、韓国の子どもや若者が、広いコミュニティのなかで自分の人生を大切にできる活動的な市民に成長することを望んでいる――デンマークで見てきたように。彼はまず、韓国全域から生徒が参加するエフタースコーレ「グムトル」を設立した。彼は自国の若者の状況を変えるという理念を強く信じており、最新のプロジェクトは、デンマークの教育的思想に基づいたムーブメントを、韓国で起こすことだ。そこには、エフタースコーレとフリースクール、フォークハイスクール、そしてデンマークの知識とインスピレーションと経験に基づく教師のための教育機関がある。彼が講演で得たお金をプロジェクトの資金として使っていることが、私にはますます魅力的に映る。

プロフェッショナリズムとコミュニティというまったくユニークな組み合わせを持つデンマークのエフタースコーレの伝統を韓国に広めたオ氏の努力は認知され、グルントヴィの学校と社会についての思想がデンマークの国境を越えて、はるかかなたまで広がっていることを目に見える形で証明しているとして、2018年にN・F・Sグルントヴィ賞を受賞した。これは素晴らしいニュースだ。オ氏の先見的な野望がさらに広がれば、自分の頭で考え、自分の必要性に基づいて決断する能力を持ち、多様な世界のなかで自分自身を受け入れ、コミュニケーションできる新しい世代を少しずつ育てていくことができる。そして長い目で見れば、若者に大きな満足感と包括的な幸福を与えることができるだろう。

２０１４年以降、オ氏はグルントヴィとデンマークとエフタースコーレについて１４００回以上の講演を行っている。デンマークとグルントヴィ、教師教育を含むデンマークの学校制度についてのオ氏の著書『私たちも幸福になれるか？』は10万部を超えるベストセラーとなっている。

私は光栄にも、オ氏と会って話をすることができた。彼の目から見て、子どもとその幸福に関してデンマークの何がユニークなのかをたずねると、「親や社会の既存の秩序に関係なく、子どもを自立させる選択の自由があるから」と教えてくれた。人生の先によいルートがたくさんあるので、競争が激しくない。学校では、たとえ優秀でなくても、クラスで一番でなくても、すべての子どもが参加することが許されている。成績優秀な生徒だけが存在感を示すのではないので、その雰囲気が「自分を好きになる」ことを可能にしているのだ。私はこの視点を好ましく思っている。彼はユニークな知見を持っているので、何か世界中の親たちにアドバイスをしてほしいと頼んだところ、こう話してくれた。


人生は常に成長している。成長期の子どもが時々不安になるのは、「私の成績も、外見も、性格も、人生も、すでに定められている」という思考になっているからだ。この決定

論を乗り越えるためには、大人が手本を見せることが必要だ。親が40代、50代になっても、新しいことに好奇心を持ち、自分を成長させれば、子どもはそれを真似る。親がワクワクし、遊び、その日を大切に暮らしていれば、子どもも同じように生きる。親が子どもに与えることのできる最大の贈り物は、「人生は生きるに値する！」というメッセージではないだろうか?!

この言葉を胸に、ティーンが問題解決を学び、人との関係を築き、境界線について学び、何がよいことなのか悪いことなのかを明確にしていくことを、親は受け入れよう。子どもは、自分が立っている舞台で自由に遊ぶという特性を活用することで、自主性を持ち、クリティカル・シンキングを学び、ありのままの自分を愛することができるのだ。

第六章　絆を作る

社会的言語を理解する

私がティーンになったとき、人づきあいの時間が爆発的に増え、世界が突然目の前に開かれた。子どもの頃から噂《うわさ》に聞いていた、たどり着く術がなかった秘密の宝庫へ続く扉を見つけたような感覚だった。それは激しく、強烈で、楽しかった。それまでは何年もの間、自分がティーンに近づいているという意識はなく、身体と関心に変化が訪れつつあるというほのかな感覚しかなかった。それが、いきなりドアが開いて、私はティーンになった。プリ・ティーンでもトゥイーンでもなく、家族ではなく友だちとの生活からあらゆることを吸収する準備ができている正真正銘のティーンエイジャーに。

思春期とは、家族中心から友だち中心、あるいは自分中心へと、自然に移行する時期だ。友人関係がますます重要になり、仲間を真似しながら社会的スキルを訓練するにつれて、親は一番に駆け込む存在ではなくなっていく。自分自身や他人を読み解き、理解し、まだよく知らない人々と交流することを学ぶのが、この時期だ。ティーンは、自分がひとりぼっちではなく、友人も同じ感情や不安、恐れや心配を感じていることを発見する。だから自分の感情は普通であり、想定内であると気づくのだ。これはごく自然な、必要な段階であるが、親の側からすれば、わが子が決断や性格や愛情に関して、親の意見よりも友人の意見や態度にはるかに価値を置くようになったことで、無視されたり見捨てられたりしたように感じ、子どもが生意気に思えることもある。とはいえ、彼らがおしゃべりをして笑い合っているのを見ると、ほほえましく、人生の肯定感にあふれているように感じる。幸せの泡のなかにいるような、この時期独特の雰囲気を思い出したりもする。

「ヒュッゲ」には、「一緒にいたい」という共通の願望に根差した、目に見えない独特のエネルギーがある。それは、つながりを感じたり、親近感や共通の価値観に満たされたりして、一体感が増す心の状態である。

ティーンの親として最も重要なのは、わが子のどこが「工事中」なのかを意識して、深く考えながら、距離の近い有意義な関係を保とうと常に心がけることだ。親子の絆があらゆることの鍵になるのだ。この絆は、ティーンが理不尽な行動をすることで極限まで試されたりもするが、「絆には価値がある」という信頼感を決して失ってはいけない。ティーンは人格形成のために友だちとつながる必要があるため、親は傍観者の立場に置かれる。それはあなたのせいでもなければ、気を悪くすることでもない。

むしろ親は、この大切な時間を認め、引き続きわが子を受け入れて、良好で信頼し合える絆を築いていけばいい。家をわが子にとって安心・安全な場所にしよう。わが子が友人や周囲の環境から得るものすべてを、家族を結びつける「わが家の価値観」と照らし合わせる場所にしてあげよう。子どもが警戒心を解いて、自分の大切なことを感じることができる場所、社会的慣習や友人の掟に関係なく、自分の空にたくさんの星を輝かせることができる「居場所」だ。そうなるためには、親のあなたが偏見を持たず、子どもが話す内容に関心を示すのが、何よりも効果的だ。子どもが肩を借りたいときにいつでも受け止め、話を聞き、ただちにものごとを解決しようとせずに、子どもに感情をじっくりとかみしめさせる。子どもが迷惑なことをしても、叱ったり口論を始めたりせず、両手を広げて受け入れる。帰りが遅くなっても、不安やいらだちをぶつけるのではなく、信頼関係に自信を持って、思いやり、丁寧に接する。

私の意識は常にそこに向けられている。昼も夜も、娘たちの「居場所」になることを心がけ、常に話を聞ける体制を取っている。折に触れて、週末の小旅行や散歩に出かけたり、2人だけでトランプをしたり、テレビを観《み》たり、美味しいものを食べたり、コテージで「ヒュッゲ」なひとときを過ごしたりしている。コテージは、リラックスしてゆっくりと穏やかな時間を共有できる大切な居場所であり、愛犬が散歩して茂みのベリーを引きちぎったり、娘たちがソファに寝そべって本を読んだりする。のんびりした時間を中断するのは、ヤッツィー（サイコロゲーム）かビーチに泳ぎに行く人ぐらいのものだ。ここは、私にとっても家族にとっても聖域であり、邪魔が入らずに互いに波長を合わせられ、家族同士が関係を深められる場所でもある。また、子どもと毎日必ず顔を合わせて様子をうかがうようにしている（今はアイダは家を離れているので、少しやり方が違う）。一日の様子を聞いて、目を見て、口には出さずに「あなたを見ていますよ」と伝えている。また、何らかの感情の揺れを察したときは、いつでも対応できるようにしている。子どもの友人と知り合いになり、夕食に招待して、友情を尊重することも大切だ。

「私はただの背景の人物」なのだと、自分に言い聞かせている。最初はたやすくないことだったが、今はその意味を心から理解しているように感じている。ちなみに、決して無関心な背景的存在ではなく、最も重要でありながら、娘たちに罪悪感を押しつけずに健全に切り離しができる存在だ。ティーンが自由と自立を必要としているのに、親である私たちのニーズを満たすために距離を近づけさせるという罠にはまってはいけない。ティーンにとって、この時期は友だちに重きを置くことが大切だと覚えておこう。

親は子どもの安全な避難所であり、子どもは毎日そこから大海原へと航海に出る。海は静かなこともあれば、大荒れになることもあるだろう。それでも、子どもは一日が終わると戻ってきて、自分を信頼してくれる安心・安全な背景的存在の人物から、精神的にも肉体的にも補給を受ける必要がある。ティーンにとって、友人がどれほど重要な存在であっても、親であるあなたとの関係の重要性は、決して軽んじられるものではないのだ。

コミュニケーションを学ぶ

「もっと友だちを作りなさいよ。どうしてそんなに難しいの？」
「我慢して他の子と同じようにすればいいじゃない！」
「あの子に無視されているんでしょ。どうしてわからないの？」

親は、自分が何年もかけてようやく理解したことを子どもが知らないときに、厳しく責めてしまうことがある。そして、その言葉が跳ね返って、自分の痛いところ――おそらくは消えてしまった星――に直撃するのだ。

　ティーンのわが子が、親が望むよりも少し厳しい経験をするのは、心が痛むことだ。あなた自身が、とてつもない人間関係の渦のなかで社会のルールを解釈することを学んだのだから、ティーンのわが子も同じようにできて当然だと思うかもしれない。しかし、さまざまな方法で行われるコミュニケーションを読み取り理解することは、思春期の子どもにとって並大抵のことではない。そこには暗黙の期待やルールがあり、ＳＮＳのプレッシャーが大きく、オンライン上の表面的な友人関係は変化していく。そんな世界を旅するためには、幼い頃からの取り組みが役に立つ。親が子どもに表情の読み取り方を教え、怒っているとき、悲しんでいるとき、喜んでいるとき、恐怖を感じているときなどの顔つきや、身体を使った非言語コミュニケーションについてわからせるのだ。コミュニケーションの非言語の割合について、多くの研究が行われているが、実際のところ、答えはそれほど簡単ではない。非言語が大部分を占めるのは誰もが認めるところだが、要するにそれは、解読する方法を学ぶ必要があるということだ。

　このことは、私が現在関わっている仕事の要でもある。私は、ヨーロッパのエラスムス・プラス計画〔２０２１～２０２７年を対象とした欧州連合〈ＥＵ〉が提供する教育・訓練・青少年・スポーツのためのプログラム〕で、ヨーロッパの小学校のカリキュラムに共感教育を導入する取り組みをしている。エラスムス・プラスの全体的な目的は、生涯学習を通じて、ヨーロッパ内外の教育、訓練、青少年、スポーツに携わる人々の教育的、専門的、個人的な成長を支援し、それによって持続可能な成長と質の高い雇用、社会的結束とイノベーションの推進、ヨーロッパのアイデンティティと積極的な市民性の強化に貢献することだ。

共感力が育たないまま成長する子どもが非常に多く、人との間に距離を置いたり、愛されない態度を取ったりというケースが増えている。子どもたちは社会的ヒエラルキーのなかでの立ち位置を理解し、必ずしも1番でなくてもよいことを学ばなければならない。日常生活のなかで、友人グループ内での目に見えない暗黙の慣習を理解することも求められる。ティーンが戸惑うのも無理はない。

5歳、15歳、あるいは35歳という年齢になっても、社会的言語を理解して使いこなすのは難しいものだ。しかし大人であれば、習得することの価値の大きさを知っている。だからこそ、親であるあなたは、こういった社会的スキルが幸せになる必須条件だと考え、ティーンのわが子にコツをつかんでほしいと願っている。友人を得て好かれる人間になってほしい。行動をコントロールすることを学び、自分と友人の両方の気持ちを理解する共感力を養ってほしい。争いごとを多面的に見つめ、友人の経験に寄り添い、意見を主張し、対立する状況での妥協点を見つけられるようになってほしい。いつか恋をして、多くの星がきらめき、楽しく一体感のある健康的で思いやりにあふれたコミュニティに加わってほしい。親は、ティーンのわが子にあまりにも多くの期待を寄せているのだ。

せっかちであろうと慎重であろうと、外向的であろうと内向的であろうと、社会的スキルは絶対に必要だ。周りの人に近づいて、自分から率先して関心を示し、心を開く。ティーン世代は、その過程で、間違いなく不安や疑問を抱くことになる。


「なぜ、彼女の態度を擁護しない私は、ダメな友人なのだろう?」

「なぜ、私はノーと言うときに挑発的になるのだろう?」

「彼女が関心を示しているのに、どうして彼女にキスをすることが許されないのだろう?」


社会的慣習の扱いは非常に難しい。何度も行動を起こすことで、ティーンは他者と協力し合い、適切な決定を下すことを学んでいく。

強力な社会的ネットワークを持っているかどうかは、幸福全般を左右する最も大きな要因のひとつだ。だからなおのこと、ティーンのわが子の望みを理解し、子どもに合った方面を応援することが重要になる。あなたが右を勧めると子どもは左を向くかもしれないが、背中を押してあげながら、得られる意味と目的について子ども自身に考えてもらおう。親は、意識して利他的に関わることが求められる。親自身が過去に人から歓迎されなかったり、仲間に入れてもらえなかったりした経験から、何らかの生存戦略を育んできたため、それをわが子に押しつけて星を消してしまう、ということが起きやすいからだ。深呼吸をして、かつて傷ついた「小さな私」を温かく抱きしめてから、打ち明けてくれたティーンのほうを向いて、わが子の悲しみに寄り添うようにしよう。

友情の難しさ

ある研究では、11万1000人以上の青少年を対象とした全国的なサンプルデータを用いて、友情のネットワークを持つ10代の青少年について、いくつかの抑うつ症状によって測定される精神的健康度が高いかどうかを調査した。すると、友人の数が多いティーンはうつ症状が少ないことが明らかになった。さらに、友情のネットワークを持つティーンは帰属意識を感じており、そのようなティーンは、社会における他の人々との関係について、より肯定的な感情を持っていた。また、親友を持つことがメンタルヘルスに与える影響についての分析から、思春期の親友への愛着が、心理的な健康と関連していることがわかった。

ティーンにとって、友情はきわめて重要だ。それがないと文字どおり痛い思いをしてしまう。ミシガン大学の脳画像研究によると、社会的拒絶は身体的苦痛と同じ脳の部位を活性化させる。そのため、仲間はずれにされたティーンは、拒絶を深く感じて、個人的に受け止めてしまい、多くの場合、自責のスパイラルを引き起こす。友情は楽しみのためだけでなく、生きていく上でも欠かせない。ダニエル・J・シーゲル博士は、次のように述べている。

なぜ思春期には仲間に目を向けるのが自然なのか？　それは、家を出たときに頼りにするのが仲間であるからだ。多くの場合、野生では若い仲間が集団を作らない哺乳類は、死んだも同然だ。仲間グループとつながることは、生き残りの問題のように感じられるのだ。

ティーン世代の生活が始まると、友情が強く求められるのは間違いないが、だからといって、友情が自然にそこにあるわけではない。嫉妬やヒエラルキー――一番背が高いのは誰か、一番強いのは誰か、一番美しいのは誰か、一番陰毛が生えているのは誰か――に加えて、社会的な知性も関係してくる。ティーンのわが子が幸運なら、クラスや活動グループ、社交サークルがうまく機能して、浮き沈みが少ない健全な人間関係を築くことができる。友人関係がうまくいくかどうかを前もって判断するのは難しい。若者同士を結びつけるのは共通の価値観なのか？　共通の趣味なのか？　成熟度が同じ段階にあることなのか？　おそらく、これらすべての混合なのだろうが、「信頼」が出発点でなければ、友情が、深みや距離の近さがある望ましい形で機能することはできない。

信頼が後回しにされることもある。たとえば、ヒエラルキーのトップにいる人から排除されないことが最優先される場合がそうだ。知ってか知らずかはさておき、みんなが頼りにできるリーダーを誰にするかについては、無意識の選別がある。そのため、友人グループ内では、自覚がなく、いじめに走る人ではなく、グループの他のメンバーにとって健全な模範となる人が重要視される。ただし、多くのティーンは、忠誠心や良識やよい友人であることのような価値観に目をつぶって妥協してでも、屈辱の対象となったりコミュニティから排除されたりするリスクのある人間にはなりたくないと考える。ダーウィンの言う「適者生存」だ。集団のなかにとどまり、目立たないことで距離の近さを追求するためには、中立を保ち、何も言わない(それがどちら側かを選ぶことであっても)ほうがいいのだ。多くの人は理解していないが、ダーウィンが言いたかったのは、適応することを学んだ者が生き残るということだ。

私がこれまで最も無力だと感じたのは、娘が同調圧力に屈することなく、自分と大切にする価値観——親切にする、心を開く、他人の長所に目を向ける——に忠実であり続けたことで、悲しい思いをした時期だった。周囲の嫉妬はすさまじく、脅迫めいたこともあった。女の子は、いったんライバル関係になると、悪意をむき出しにすることがある。その際には、コミュニケーションの80%を占めるとされる非言語のコミュニケーションを使うのが主流だ。女の子は、目を丸くして驚いたふりをしたり、無視をしたりするのが得意だ。これは、何も目新しいことではない。社会的状況のなかで脅威を感じると、最も原始的な生存戦略が発揮される。それでも、どこまで耐えられるかには限度がある。私は、なす術もなく、娘の喜びが消えていくのを外から眺めていることしかできなかった。娘は相手と同じ轍《てつ》を踏まず、怒りや苦々しい態度で反応することを拒否したからだ。

つらい状況になると、私たちは視野が狭くなりがちだ。状況に巻き込まれ、自分の心の動きや外部の状況に対する自分の反応がわからなくなってしまうのだ。するとますます状況が悪化して、コントロールができなくなる。ところが、娘は見事だった。目を見張るほどの繊細さを武器にして、毎日、背筋を伸ばしていじめっ子に立ち向かった。そして、家に帰ると精神的に落ち込み、ありのままでいる以外に何も悪いことをしていないことに不満を持ち、絶望していた。意地悪な態度を取る人のほうもつらいに違いない、と私たちはよく話し合っていた。娘は共感力がとても高いので、相手の行動の源がどこにあるのかを理解して、相手の痛みを感じていた。同時に、できるだけうまく機能するために、身を守るバリアを張って距離を置く必要があったが、それは簡単なことではなかった。

親としては、ティーンのわが子の方向性をコントロールできなくなること、それが吉と出るか凶と出るかがわからないことへの不安が大きい。私の場合、その時期に何度も「心配することはない、娘が得る洞察と学びは、ここを乗り越えたときには金の延べ棒よりも価値がある」

と自分に言い聞かせた。娘は家では元気だったし、家族と密に関わり、安心できている様子だった。それでも私は、かつてないほど胸が痛み、落ち込んでしまった。娘の味方として寄り添うことはできても、（あらゆる解決策を試みはしたが）私には外の世界を変えることはできないと実感した。外的なことが娘に痛みを与えているのだと思うと、私の胸も痛くなり、娘の悲しみを一緒に抱えてしまうことで、私も落ち込んだ。

娘がこのような時間を経験するのを目の当たりにするのはつらかった。それでも私は、娘がその気になれば、内なる力を見つけて、憂鬱から立ち上がるだろうと知っていた。そして、きわめて大切な人生訓を得るだろうと。それは、人生の谷間にいるときでも、乗り越える力が見つかることを決して忘れないということだ。周囲の景色が変わったときに、娘は実践を通じて、これまで以上にたくましく、有能になった。

困難に直面したときは、大局的な視点を持って、今何が起きているかをじっくり考えることが大切だ。タンゴを踊るのに2人必要なこともあれば、単独でしか動けないこともある。皮肉なことだが、親のあなたが「誰もがあなたの幸せを願っているわけではない」と子どもに教えざるを得ないかもしれない。わが子がバターのように柔らかい心を持つのであれば、なおのこと毅然《きぜん》とした態度が必要だと伝えるべきかもしれない。私が最も大切にしてきた願いは、「共感力があり寛大で、人に優しくできる人に育ってほしい」ということなので、胸が痛む思いがする。

先の話は、社会構成主義〔社会に存在するありとあらゆるものは人間が対話を通して頭のなかで作り上げたものであるという主義・考え方〕の力と、ティーン世代の重要な時期に何が個人の「生存」を左右するかについてを物語っている。ヒエラルキーのなかでいじめる側と肩を並べる健全なロールモデルの人物が、攻撃の的になることがあるのだ。誰も友人のために立ち上がる勇気がなく、結果的に恐怖心が勝って、集団いじめを生むというリスクがある。これは、興味深くもあり、悲しくもあり、扱いがきわめて難しい力学だ。

この破壊的なダイナミズムを生み出している人に対処するには、周りにいる熟練した教師やコーチや親が、誠実な対話を行うことが求められる。多くの人は、誰かが恐怖によって他者を支配している場合、その人自身もつらい思いをしているのだと気づいている。その人は愛情や親の存在がない家庭に育ち、多くの星を消してしまったのかもしれない。子どもや若者や大人の行動の裏には、正当な理由があるのが常だが、だからといって「それでいい」「受け入れなければならない」のではない。

「自分が取り残されている感覚」を、親は常に真剣に受け止めるべきだ。世界をコントロールして、深く有意義な友情のあるよい方向へ導くことができれば、ティーンのわが子を痛みから救ってあげることができれば、どんなにいいだろう――たとえ自分が消してしまった星がうずいたとしても。他者とのつながりを感じること、それはデンマーク人が意味と目的を持って常に実践していることだ。私たちはそれを「ヒュッゲ」と呼ぶ。他者との相乗効果と心地よさがなければ、私たちはうまく機能できないのだ。

デンマークの元国会議員であり、作家であり、公的な討論を行うエズレム・チェキッチは、人々をプライベートの「対話のコーヒーミーティング」に招待し、自分の意見に反対する人々と互いに敬意を持って会話をしている。話し合いは、合意に達するためではなく、むしろ反対意見を受け入れるためのものだ。そして多くの場合、意見の相違にもかかわらず、共通点を見出すことになる。これは美しい試みであり、理解と共感のための前進だ。ストーリーを共有することで、他者とつながり、新たな洞察や視点を得ることができるからだ。社会的排除に対処し、いじめをなくすためには、学校が態勢を整えなければならない。この点に関しては、部分的に対処している学校が大半であり、多くは保護者にゆだねられている。笑われたり、無視されたり、恥をかかされたりしたことを言語化するには、安心できる環境が求められる。教師や親がこうした影響と闘おうとしても、近しい関係を築いていなければ、子どもが消し去ってしまった星を変えることはできないのだ。

ティーンのわが子は、友だちの「輪のなか」にいるか「輪の外」にいるかといった関係性を、常に意識して動いている。もろいアイデンティティを維持しながら、自尊心を持ち、誠実さと尊厳を保とうともがくティーンのわが子に向き合うのは、耐え難いことかもしれない。外から見ている親のほうが、手を出したくなることもあるだろう。しかし、親はある程度までしかサポートや手助けができない。こういった時間やプロセスがわが子にとって強力な人生経験であり、将来に役立つ多くの知恵をもたらすのだと、自信を持つべきなのだ。同時に、ティーンのわが子の感情のコップを、愛情とあなたの存在によって毎日満たすように心がけよう。

社会的なヒエラルキーや友情は、楽しいことばかりではない。得るものも失うものもあるからこそ、ティーンにとっては不安な時期なのだ。人間関係や一体感を経験することで、自分が他の人と同じであり、「普通」だという確認が得られる。その輪から外れた子どもは、ほとんどの場合、責める気持ちを自分のほうに向け、自分は他の人とは違う、つまり「普通ではない」と結論づけるのだ。そして、自分を責める負のスパイラルが始まる。羞恥心は強力だ。たいていは、頭のなかのつぶやきのほうが友人や親に話す内容よりもよっぽどひどいので、骨身にこたえる。友だちと一緒に成長できる健全な環境が、必ずしも今得られなくても、そういった機会を持つことは後になってからでも可能だ。人生のほとんどの問題は、団結と愛があれば乗り越えられる。一緒に笑って泣くことができる素敵な友情が「ひとつ」あれば、それだけで、いつか消えてしまう多数のうわべだけの友情よりもはるかに価値がある。そのことを忘れないでほしい！

5つの愛の言葉

ずいぶん前に、結婚カウンセラーのゲイリー・チャップマンが書いた愛情を伝える5つの言葉についての本〔"The Five Love Languages by Gary Chapman"『愛を伝える5つの方法』ディフォーレスト千恵訳、いのちのことば社、2007年〕を読み、パートナーにしていることが、なぜ意図したとおりに受け取られないのかを理解する上で、自分に欠けていたピースが見つかったように思えた。私たちは時に互いを誤解し、愛されていない、認められていないと感じることがある。働きかけても相手がそれに気づかなければ、距離が生まれ、絶望感にさいなまれる結果を生むかもしれない。次に紹介するのが、チャップマンの愛情を伝える5つの言葉だ。

1 **肯定する言葉**：褒め言葉や励ましの言葉
2 **奉仕の行為**：テーブルセッティング、犬の散歩、その他の小さな仕事をする
3 **贈り物**：花やチョコレートなど、愛情を伝えるギフト
4 **上質な時間**：パートナーの関心を一身に集める時間
5 **身体的なふれあい**：セックスをする、手をつなぐ、キスをする

ここにもうひとつ、新たに加わった「6番目」が「わかってもらえている感覚」だ。あなたの内面を本当に理解し、あなたが話した細かい内容を覚えている人がいる。聞き逃しているだろうと思っていた詳細を相手が覚えてくれていると、しっかりと話を聞いてくれていたのだと、嬉しくなる。これを含めるかについては議論の余地があり、5つの言葉を合体させたものにすぎないと考える人も多い。一方で、私のように、ずばり言い当てていると感じる人もいる。私自身は、たとえ広く受け入れられなくても6番目として含めてほしいと思っている。

私は、家族はそれぞれ、愛されていると感じる部分がまちまちであることに気がついた。大切な人との距離を縮めて愛情を感じるには、ポイントがどこなのかを知っておくとよい。大切な人と切り離されたように感じると、孤独を感じやすくなる。これは現代の若者にとっての最大の課題のひとつだ。自分が大切にしている「愛の言葉」を知ることで、友人を含む他者に何を求めるかが伝えやすくなり、わかりやすいコミュニケーションができる。また、相手が求める「愛の言葉」を使うことは、大切な人とつながる方法を見つけるときに役に立つ。チャップマンの定義は白か黒かというだけではなく、その間にさまざまなバリエーションがありそうだが、私には素晴らしいヒントになった。愛情の感じ方は人によって異なるので、身近な人の「愛の言葉」を理解するように努めている。そもそも私自身が、上質な時間と奉仕の行為の両方を求めているし、「わかってもらえている感覚」も必要だ。娘たちは私の好みを知っているので、意識的に時間を確保して、一緒にカードゲームをしたり、距離を縮めて一体感を持ったり、会話をしたり、散歩や心地よいディナーを楽しんだりしてくれる。すると私は心のなかが温かくなる。

ティーンの恋愛

恋愛は、おそらく科学的に最も注目されてきた分野のひとつだ。恋愛中の個人の脳の磁気共鳴機能MRI画像（fMRI）を初めて撮影した画期的な研究もある。私がティーンエイジャーの頃、グループ内の仲のよい友人のひとりが初恋の人へと変わっていったことがあった。スキー旅行の後に恋をしていると気づき、ある晩、彼に電話をして気持ちを伝えた。幸運にも両思いだとわかり、彼がボーイフレンドになった。しょっちゅう会うようになり、一緒にいないときも彼の匂いをかぐことができるように、彼のスウェットシャツを1枚肌身離さず持っていた。

母親になった私は、今度は娘たちが愛の美しい世界に入っていくのを見守るようになった。情熱やしびれるような感覚や「あなたに触れられると、ものすごくパワフル」なことを歌うラブソングに、傍観者として耳を傾けてきた。ジュリーのボーイフレンドが、突然会いたくなり、交通手段がなかったからと、夜通しパーティをしていた近くの町からわが家まで走ってきたときは、素敵だと思った。どこまでも献身的で若い愛だ。彼はたくましくて衝動的で、心からジュリーを愛していたし、ジュリーは冷静に、深い愛情とバイタリティを持って、美しく彼を包み込んだ。わが子が成長し、恋をする喜びを、激しさや深みと共に経験するのを見守ることができるのは、素晴らしい贈り物だ。あらゆることが一度に可能になり、独特のエネルギーが生まれるのが、恋愛の素敵なところだと思う。

脳の画像検査には、キューピッドの矢が当たると脳の一部の領域でかなりの活動が起こることが示されている。化学反応の結果として、脳の活動が活発になるのだ。性的魅力を感じる、夢中になる、愛情を感じるといった感情は、ホルモンと神経伝達物質と脳領域の複雑な相互作用から生み出される。生物学人類学者のヘレン・フィッシャーが2005年に行った研究では、大学生2500人の脳スキャンを分析したところ、自分にとって特別な人の画像を見せられると、快感神経伝達物質であるドーパミンが豊富である領域が活性化することが判明した。これらのfMRIスキャンで活動を示した脳領域のひとつが、報酬の検出と期待に関連する「尾状核」という神経核で、感覚経験を社会的行動に統合する領域だ。

恋をすると、報酬サイクルに関連する化学物質が脳にあふれ、心臓の鼓動が速まる、手のひらに汗をかく、頰が紅潮する、情熱や不安を感じる、といった、さまざまな身体的・感情的反応が引き起こされる。恋愛の初期段階で、ストレスホルモンであるコルチゾールの値が上昇して、この「危機」に対処しようと身体をせかすのだ。コルチゾールの値が上がると、神経伝達物質であるセロトニンの値が低くなる。低いセロトニン値は、恋に落ちることにともなう強迫観念と関連性がある。恋をすると、ドーパミンが高レベルで放出されるが、これはゲームのときなどに「報酬システムを活性化させる」化学物質だ。ドーパミンは報酬サイクルを活性化して、恋愛を楽しい経験にしようとするが、これはコカインやアルコールの使用にともなう多幸感に似ている。したがって、かなり依存性があるので、娘たちが恋をしているときは、家のなかにピリピリした電気が増えるように感じる。

ティーンは人生がもたらすさまざまな局面を経験しなければならない。恋をするのもそのひとつだ。恋愛をすると、多くの感情を受け入れて、理解することが必要になる。また、性的な経験や境界線の引き方、性病に感染したり妊娠したりしないようにする方法を学ぶことにも直面する。

失恋を経験する

私は初恋が終わったときのことを覚えている。一日中ベッドに横たわって泣き続け、誰にも泣き止《や》んでほしいとも、早く前に進んでほしいとも思われず、このまま人生が止まってしまうのではないかと思った。痛みしか感じず、自分が空っぽになるまで、何時間もその感情のなかに深くもぐり続けた。そのうち涙が枯れてしまい、気持ちが鎮まったが、疲れ切っていた。身体の様子を確かめると、落ち着いていて穏やかな感覚だった。立ち直るのに数日かかった。霧のなかを歩きながら、ゆっくりと、前に進む準備を整えていった。どうせいつか別れるだろうと、どこかでわかっていたのだ。母も父も介入しようとはせずに、私がこのプロセスを味わって心を落ち着かせ、自分から手を伸ばすまでの間、放っておいてくれた。母は、心配してリビングルームのカーペットの上を歩き回っていたに違いないが、そっとしておいてくれた。おかげで、気持ちを抑圧せずに感情に浸る時間が持てた。以来私は、このやり方を取り入れて、娘たちにも伝えている。

　私が傍観者として見た、とっておきの慰め方のひとつを紹介したい。娘がボーイフレンドと別れたときのことだ。娘は明らかに悲しみに暮れ、自分を落ち着かせるためにひとりの時間を必要としていた。すると彼女の親友が、アイスでも買ってつらい時期に少しでも楽しめるようにと、娘の銀行口座に少額のお金を振り込んでくれたのだ。なんて素敵な気の利かせ方だろう、と思った。実際に会えなくても、親しい人の存在や思いやりを感じて、自分がひとりぼっちではないのだと安心させてくれたのだ。

　わが子の痛みを感じ、人生のプロセスに寄り添うことは、喜びと痛みを同時にもたらす贈り物だ。子どもの調子が悪いときは、本当につらい。骨の髄にまで響いて、親のあなたを苦しめる。ティーンのわが子からすべての痛みを取り除き、歩む道から石をひとつひとつ取り除いてやりたいと思っても、その道を歩まなければならないのは、子ども自身だ。ティーンは、親のあなたの変容を感じると、直感的に反応する。あなたが心配している様子を目に焼きつけておけば、ティーンのわが子に伝わるはずだ。忘れてはいけないのは、長い目で見ると、あらゆることが、わが子のパートナー選びや恋愛の礎となるということ。痛みもまた愛と同じぐらい大切であり、素晴らしい人生の教訓になる。人生はこれからも続いていく。子どもは自力で再び立ち上がれるようになるべきなのだ。

ある相談者から聞いた話を紹介したい。ティーンの息子がある日、泣きながら帰宅して、ガールフレンドが距離を置きはじめたことを打ち明けた。息子はまだ恋人を深く愛していたので、激しく動揺していた。もはや恋人に近づくことを歓迎されていないように感じ、それが人生で一番悲しい出来事だったために、最悪の恐怖に襲われていた。母親のほうは、破局が訪れる深刻な兆候だと察し、即座にありとあらゆる警報ベルを作動させた。これから数か月にわたって息子がふさぎ込み、夢が砕け散り――あらゆる種類の恐ろしいシナリオが目に浮かび、母親の神経系が反応した。母親は自制できなくなり、大量の罪悪感と共にあまりにも多くの解決策を息子に押しつけたので、2人は大喧嘩になってしまったという。

親も常に感情をコントロールできるわけではないので、仕方がないことかもしれない。ただし、このような状況では、大人の意見や破局を心配したり恐れたりという感情を、ティーンのわが子に押しつけないように気をつけるべきだ。他の状況でも同様である。先の母親に悪気はなかったのだが、息子は不安を隠せずに母親に伝えてしまったことを心底後悔した。母親は、息子が学校から帰宅したときにたまたま家にいただけなのに、突如として、これを息子ではなく「自分の話」にしてしまったのだ。

親の考えや大人としての懸念事項は、わが子ではなくパートナーと共有しよう。あなたの感情は、子どもから切り離すべきだ。成長中の若者に背負わせるのは理不尽だ。ティーンは、ただでさえ対処する課題が多いし、そもそも、うまくいかなかったことについての説教ではなく、涙を流せる肩を必要としているのだ。子どもが求めてきたら、「見守る」という強力な贈り物を与えてあげよう。子どもはつらい経験をしたときに、親にサポーターになってもらいたいのだ。

「あなたはひとりじゃない」
「話したいことがあればいつでも応じる」

そう伝えてあげよう。さまざまな道をたどりながらも、いつか同じ場所へと行き着くものだ。

それに、失恋しない人生を送るなど不可能だ。恋をして共に過ごした時間の深さと激しさを感じるという、美しい特権を慈しみたい。それはまさしく贈り物であり、かけがえのない経験なのだから。

第七章　自分らしさ

私は誰？

「自分探し」は、生涯にわたって続くプロセスだ。新しい気づきが常にやってきて、自分らしさの認識が少しずつ変わることがあるからだ。ティーンにとっては、独立した個人としての経験をして、思春期の終わりに自分のアイデンティティを心地よく感じることが、何よりも重要だ。発達心理学者のエリック・H・エリクソンは、彼らは環境から十分に解放された場合にのみ独立した「アイデンティティ」になれる、と述べている。

「アイデンティティ」は、一体性、平等を意味するラテン語（identitas）に由来する。語源は「同じ」を意味する「idem」。アイデンティティとは、自分が誰であるかや、どこに属しているか、特定の文化や特定の社会集団に属しているという認識を意味する。

アイデンティティを持つということは、さまざまな状況や時間において、人との関わりのなかで、自分に忠実であることを意味する。今日のあなたは昨日と同じであり、明日どうなりたいかを知っている。人生のストーリーには、一貫性と連続性があるのだ。自己認識には、外見、年齢、性別、才能、社会的地位や、性格の特性である繊細、不器用、賢い、冒険好き、ひょうきんなどのような、自分を識別するあらゆる特徴が含まれている。加えて、人生の経験や反省などをすべて合わせて、「これが私」という理解が得られる。あなたについての物語は、あなたのアイデンティティと結びついているのだ。

私のクリニックを訪れるティーンや、娘の友人たちとの会話を通じて気づいたのは、近頃の若者が診断をかなり気楽に捉えていて、心の健康についてオープンかつ正直に話し合っていることだ。担当のセラピストを持ち、自分のメンタルヘルスに気を配っている。私たちの世代では、メンタルケアの必要性に気づいてもらうのも仕事のひとつだったので、これは興味深いことだ。クリニックにかかることで不安症やＡＤＨＤ〔注意欠如・多動症〕、自閉症、統合失調症などの診断を、ごく自然に自分の定義として使っていることを、私は社会現象として純粋に興味深く感じる。私たち人間は、人生が複雑で乗り越えられない局面で、生き残る方法を見つけるように生まれついているのだ。おそらく若い世代は、要求が厳しく、成果主義の世界で休憩を取るための正当な方法を無意識のうちに見つけている。診断があれば、多くの要求に応えて個性を発揮することを期待されなくて済むのだ。

今の時代、わが子に「あなたはそのままで唯一無二の素晴らしい存在であり、世界はあなたの前に開かれている」と伝えつつも、子どもが満たさなければならない要求がたくさんあるようにも感じられる。しかし、個性的かつ完璧であることがアイデンティティの変数になるような厳しい基準には、誰も応えられない。その結果、多くの人が、自分はまだ足りない、十分幸せでない、感謝が足りない、と感じている。

ティーンは、(両親などの)複数の大人のロールモデルと同一化すべきだという思考に振り回されると同時に、これまでいつも頼ってきた人から距離を置きつつあるという、不安定な立場にある。ティーンは、親と感情的に近い関係を持つことなしに、自分探しをすることができない。同時に、今の時代のティーンには、恐ろしく大きな社会的プレッシャーがかかっている。生活のいたるところ、家庭や学校や余暇の活動、そしてもちろんＳＮＳでも、プレッシャーに遭遇するだろう。生き抜くためにやるべきことがたくさんあり、選択肢の多さが不安や劣等感を引き起こすこともある。何をしても不十分で「他の人」と同じになれない、と思ってしまうからだ。今は、わが子の一番のサポーターとして、親の忍耐と理解が求められる時期なのだ。

あなたの身体は美しい

今の時代、「ボディイメージ〔自分の身体に持つ印象〕」は大きく様変わりし、たとえば私が悩めるティーンだった1980年代とはまったく異なっている。

私は自分の身体と問題なく付き合えている。身体について悪く言ったことは一度もない。気軽に裸でバスルームを行き来するのにも理由があり、それは娘たちに、自分の身体が変なわけでも性的なものでもないことを示すのが大切だと思っているからだ。子ども時代を過ごした1970年代のデンマークでは、ヌードがかなり一般的だった。両親と友人たちが、裸で北海のほとりの砂丘に寝そべり、太陽の光を浴び、夏の暑さを楽しみながら、おしゃべりしたり笑ったりしていた夏が、数え切れないほどあった。子どもは海藻を集めたり、裸の身体に砂をかぶせたり、波間に飛び込んだりし、おやつや飲み物が欲しいときだけ、大人たちのところに走って戻った。それがごく自然なことだった。

時代は変わり、今では多くの人が、ヌードを自然に扱うデンマーク流を「変だ」とか「有害だ」と考えているようだが、私は強く異議を唱えたい。子どもたちに、「自分の身体は神殿である」と教えることが、これまで以上に大切なのだ。ありのままの姿は美しく、高価な服や加工した写真の下には、骨と皮と鼓動する心臓を持つ肉体がある。おかしなところなど、あるわけがないのだ。

SNSの普及により、バービー人形のような完璧な身体つきに注目が集まる傾向がある。すべての若者の生活に完璧主義の文化が影を落としていて、自分の空の輝く星が消滅する危機にさらされている。でも、誰ひとりとして、自分のために形作られた身体がおかしいとか醜いなどと信じながら生きるべきではないのだ。

私がカウンセリングで出会う若者たちは、男女を問わず、外見にコンプレックスを持っていると打ち明ける。そんな若者たちは、男の子にとっては身長と筋肉が、女の子にとってはお尻と唇と胸が重要だと知っている。特定の理想に向かって生きようとすると、そこに到達できなければ不安が生じ、自己肯定感が下がる。そのため整形手術が爆発的に増え、ティーンにも影響は及んでいる。ティーンも大人も「自分がどう見えるか」をとても気にしているのだ。アメリカ形成外科医協会によると、2020年までに13歳から19歳までのティーンに対して約23万件の美容整形手術と約14万件のメスを使わない美容処置が行われたという。デンマークで美容整形を受けたティーンの人数についての正確なデータはないが、急速に増加しているのは確かだ。どの国の若者についてもSNSに触れる機会がはるかに増えており、二重あごやしわ、太いももや大きな鼻など、自分が認識する欠点に敏感になっている。

デンマークの形成外科医によると、診察に来る患者は、参考のために有名人の写真を持参するのではなく、デジタル加工した自分の写真を持ってくるそうだ。希望は、シャープなあごと大きな唇、白い歯、細い鼻だ。新たな画像編集オプションやアプリの登場を受けて、身体醜形障害（BDS）に関連する、研究者が「スナップチャット醜形恐怖症」と呼ぶ新しいタイプの身体醜形障害が出現した。BDSとは、自分の身体について大きくゆがんだ認識を持つ精神障害を指す。この問題の認識が、心のなかのあまりにも多くのスペースを占領してしまうのだ。患者は過度に意識を向け、ほとんどの人が時々経験する「調子の悪い日」だけではなく、常に身体のイメージにこだわる。そして写真にフィルターをかける。スナップチャットなどを使って、目を少し大きくしたり、あごを小さくしたりして、ネズミやバンビのように見せたりと、アニメのような顔に加工する。

ティーンは（大人と同じように）、見た目をよくしたり自己評価を上げたりするために、整形手術を希望する。ティーンが選択することが多いのは、鼻の整形、とがった耳や大きすぎるバストや左右がアンバランスな胸の矯正、ニキビや怪我《けが》による傷跡の修正だ。バストは21歳まで成長する可能性があるのに、17歳以下のティーンの若者の豊胸手術は、世界中のこの種類の手術の12・2％を占めている。

多くの人が理由として挙げるのは、若者は、たとえ故意ではなく無意識であったとしても、残酷になりやすいことだ。時々早まった判断をして、たとえば道ですれ違った友人を見て「ねえ、彼の鼻を見た？」とか「彼女を見て。板みたいにペタンコ」などと、深く傷つけてしまうことを考えずにコメントしてしまう。悪気がなくても、不幸にもそれを聞いてしまった感受性の強いティーンが深刻な心の傷を受けるかもしれない。そういったコメントは自分への不満を軽減するためであり、他の解消方法を見つけていないだけのケースがほとんどだ。でも、これが多くのティーンが外見を変える理由かもしれないし、私の娘たちも、いつか外見を変えるかもしれない。多くの人は、認識する身体の欠点が修正されると、セルフイメージと自信が向上すると報告している。そうであれば、私は支持したい——慌てて決断しない限りは。親の私に他の選択肢はないように思うので、私の主張とは違っていたとしても、常に子どもの味方をするつもりだ。

男女の身体の違いについてわが子に教えたいのであれば、素直に言うことをきくうちに、子どもたちと一緒に、公共のプールやサウナに頻繁に通うことを強くおすすめする。安全で健康的なヌードの文化がある場所に連れていくのだ。デンマークのプールに行くと、水中で泳ぐ前に全員が裸でシャワーを浴びる（もちろん男女別だ）。サウナは非常に人気があり、男性も女性も、全員が裸で一緒に座る。小さなタオルを下半身に当てる人と、そうではない人がいる。コロナ禍には、大人も若者も、冬に（そして一年中）裸で海水浴をするのが大流行していた。デンマークを訪れれば、この点で私たちが見知らぬ他人ではないとわかるだろう。デンマークのティーンは、他の地域のティーンと同様に完璧主義のトレンドの影響を受けてはいるものの、その気になれば、あらゆる体型に出会うことができる。自分の身体を自然に受け入れてうまく付き合っていくにあたって大切な、さまざまな違いを知ることができるのだ。誰ひとりとしてバービーでもケンでもないのだ。

あらゆる年齢の人に囲まれて、プールに入る前にシャワーを浴びたり、運動の後に更衣室に入ったり、海に飛び込んだ後に氷点下の気温に凍えたり、サウナで汗をかいたりしていると、適切な環境で自然に行う限りは、裸になると素晴らしく解放的な気分になれることがわかる。ヌードそのものを、性的で「エッチ」なことから切り離すことができればいいと思う。規範や文化によってコンセプトが定められ目的がはっきりしているのであれば、子どもやティーンをそこから遠ざけるべきではない。ティーンは人生の過渡期にあり、この時期に、ありのままの自分を受け入れることが大切だ。それはつまり、憧れの人やSNSの加工されたイメージを真似るのではなく、自分自身を心から100%愛するということだ。

ニキビが気になる

ニキビ、陰毛、汗の臭いは、ティーンにとって日常生活の一部だ。私も例外ではなかった。初めてのニキビがあごにできたのは、12歳か13歳の頃だ。それは正式にティーンエイジャーになった証《あかし》だったが、自分の見た目が変になるので、消えてほしいと思っていた。ちょうどその頃、ハチに刺されたときに軽く握るだけで、針を根元から吸い取る画期的なプラスチック製の小さな器具があると教えてもらった。これを使えば、ものの1分で問題が解決して、痛みに悩まされずに生活を続けられるのだ。炎症を起こした小さな初ニキビができた私は、なんとかしなければと考えた。そこで、ハチ刺されに使う吸引器具をニキビにかぶせて、思い切り引っ張った。自分が誇らしく、この発想は、産業界が考えつくものよりも技術的に優れていると思った。この素晴らしい発明が私にもたらす変化を見れば、すべてのティーンが私に感謝することになるだろうと。吸引を終え、鏡に向かった。ショックなことに、ニキビはそのまま残っていた。そして不注意にも、大きな吸引跡をつけてしまったのだ。肌の状態がかえって悪化し、隠すのも友だちに説明するのも大変だった。わき上がっていた自信はたちまち消え去り、ティーンであることのよい面も悪い面も受け入れるはめになった。

ほとんどのティーンはニキビを経験する。ニキビは、皮脂が毛穴に詰まることで起こり、たいていは顔や首、背中、胸、肩にできる。深刻な健康問題ではないが、ひどいニキビが傷跡になったり、強い不安を引き起こしたりすることがある。ニキビが自己肯定感にどれほど影響を及ぼすかは、実際にできてみて初めてわかる。ポツンとできただけでも、不安になって、みっともなく感じる。自分に自信が持てずに、人と顔を合わせたり、社会生活に参加したり、異性と交流したりするのがつらくなることもある。

ティーンは経験から、会う人が最初に見るのがニキビだということをよく知っている。完璧を求められる文化のなかで、そうではないと信じるのは難しい。先に述べたように、ティーンの世界は残酷だ。ニキビ肌をさらして屈辱を味わうと、自分の空から多くの星が消えてしまう可能性がある。この課題を抱えたままティーン世代を過ごす若者にとっては大きな問題だ。「誰も気づいていないから大丈夫」という声かけは、真実ではないとわかっているので慰めにならない。顔は最初に見るパーツであり、第一印象を決めるのだから、わが子のために、見て見ぬふりはやめよう。子どものつらさに寄り添い、わずかでも希望を与えるために、私なら「あなたは美しい」「そんなに悪くない」と伝えるだろう。

あまりにも外見が注目される時代なので、別のことに意識を向けると楽になれるかもしれない。親として、あなたにはその手助けができる。手始めに、外見よりも意識を向けるべき大切なことを行動で示そう。ティーンの子どもの前では素の姿を見せ、化粧をしない日を作り、自分についてポジティブに話すように心がける。かつてニキビで苦労したことがあるなら、自尊心が傷ついた話をしてもいいだろう。ニキビで悲しくなったことを伝えてもいい。子どもがわが身に置き換えることができるからだ。また、恥ずかしい思い出を話すのであれば、重くならないように笑いもまじえつつ、この時期をどう乗り越えたかを説明しよう。覚えておいてほしいのは、子どもは、親を強くて有能な存在として見ていること。あなたは、ニキビを乗り越えて素晴らしい人生を手に入れた大先輩なのだ。

つらくて苦しい時期だと認識することが、大切な第一歩だ。また、共感力や善良な価値観を強化することで自己肯定感を育むことも、大きな意味を持つ。肉体面だけでなく精神面でも何かに挑戦させて、「好きなものを得意とさせる」ことに重点を置くとよい。そうすることで、自尊心が芽生え、内面が輝き、自信のオーラを放つようになる。「大切なのは中身」は、ただの決まり文句ではないのだ。

親であるあなたが、外見だけでなく内面にも目を向ければ、子どもがニキビを受け入れやすくなる。私は日頃から、「美しさは内面から生まれる」と娘たちに教えるようにしてきた。内面が美しくなければ、真の美しさは手に入らない。内面から放たれる輝きがすべてだ。ニキビが恥ずかしく、極度の不安を引き起こすとしても、自己肯定感を高めることに意識を向けることが不可欠だ。ニキビはいずれ治る。わが子に、悩みから抜け出して世界で活躍する準備を始めてもらおう。

生理のこと

生理のことを「呪い」「月のあの時期」などの別称で呼んでいる人は多い。「親愛なる子どもには多くの名前がある」と言うが、暗号めいた呼び方をもっとポジティブなものに置き換えたらどうだろう？　そうすればティーンが、月経は何年もつきまとう、正常で自然な身体の機能だという感覚が持てるのではないか。

私が初めて生理になったとき、母は祝福の拍手を送ってくれた。大人の世界に足を踏み入れたこと、そして妊娠ができることを意味する、美しい出来事だったからだ。恐れと不安もあり、自分のなかの避けることができない新しい面をどう受け入れてよいのかよくわからなかったが、おかげで、待ち望んでいた女性らしさを受け入れることができた。娘たちにも同じように拍手を送ったし、教師をしているときに学校で生理が来た生徒にも、同じように祝福した。私は月経を贈り物だと見なしたい。生命を与えることができる女性が、幸運にも持ち続けることができて、それによって人類は命をつなぐことができるのだ。

しかし時々、この美しい贈り物が「不快なもの」「汚いもの」「不潔なもの」「遠ざけるべきもの」と貶《おとし》められているのを耳にする。私は心が砕けそうになるし、この汚名がどこからくるのか、理解に苦しんでしまう。さらには月経を、ＰＭＳ〔月経前症候群〕に悩まされたり、過敏で露骨または敵対的な態度を取ったりする理由として、見下すように語ることもある。生命の源である美しい生理現象を口にするとき、どうしてこれほど多くの否定的な感情が呼び起こされるのか。歴史を振り返ってみると、一部の宗教には月経中の女性を差別する風習のようなものがあった。月経中のセックスは禁止されており、月経中の女性は「排除される人」「追放される人」と呼ばれていた。ありがたいことに、これは大昔のことであり、時代は変わった。しかし、まだ不十分だ。私たちは、長く待ち望まれていた汚名の転換をゆっくりと経験している最中のように思う。月経は人生に欠かせないものだ。正常で自然な現象であり、約40年間定期的にやってくる。そうでなければ私たちはここにいない。

私はいつもリラックスして月経を迎えてきた。排卵時に激しい痛みがあったり、出血が多すぎるということもなかった。自分の身体のあらゆる面でのニーズをごく自然に認識していて、ホルモンやストレスによって何らかのケアが必要なときには、いつも直感的に気づくことができている。ソファに寝そべって何もせずに過ごすこともあったし、ジョギングをしたり、チョコレートを食べたり(少し食べすぎることも)、ホームコメディを見たり、マッサージを受けたりした。自分が大丈夫と感じることを何でもOKにしたら、私には効果があった。効果は人によってさまざまかもしれないが、自分の身体が発するシグナルに注意を払い、その働きに敏感であれば、自分に対して何らかの大切なケアができているのだと思う。

近年、デンマークでは、生理に対する偏見を払拭することを目的とした月経アクティビズムが盛り上がりを見せている。「月経アナーキー」または「メナーキー」と呼ばれるポジティブなムーブメントだ。弁護士で月経の健康の研究者であるセリーヌ・ブラッサール・オルセンは、母親と娘が月経周期と仲よくなり、それを呪いではなく祝福として捉えられるような指導を行っている。彼女の言葉を紹介したい。

ほとんどの女の子は、初めての月経が来ると生理用ナプキンを渡され、「これからは妊娠できる」と告げられる。私たちの文化では、女性が大人になる通過儀礼に対してほとんど敬意が払われない。しかし、月経周期についてはまったく違う捉え方がある。古代文化では、月経の時期は女性の意識と感性と知恵が高まるため、スローダウンが必要だと認識されていた。小さな儀式を計画して、たとえば娘に手書きの手紙を送ったり、小さなジュエリーをプレゼントしたり、ささやかなセレモニーを行うことは、初潮を祝う素晴らしい方法になり得る。生理が定期的に来るようになったら、スローダウンして内面の世界に意識を向けるように誘うことも、月のこの重要な時期に慣れるのに役立つだろう。

こういったことを実践すると効果は抜群だ。神聖であるという意識を持てば、恥ずかしいと思わなくなるからだ。

声変わり

月経が多くの地域でタブー視され、恥ずべきものと認識されるのと同じように、男の子の人生にも、程度は低いとはいえ、屈辱の対象となる時期がある。男の子が思春期に達すると、喉頭が成長しはじめ、喉の前方に見えるようになる。これが「アダムのリンゴ（のどぼとけ）」と呼ばれるものだ。喉頭が成長すると、声が変化して低くなる。声変わりが一晩のうちに起こることもある。ティーンの男子は、話すときに声が「割れる」「かすれる」ことがよくある。声変わりは、多くの男の子が恐れていると同時に、楽しみにしている時期でもある。大人っぽくなるのは嬉しいが、声がしわがれたり、割れたり、間抜けな声になって注目の的になるのは恥ずかしいことでもあるのだ。

私は多くのクラスの教師として、さまざまな形や程度の声変わりを目の当たりにしてきた。私自身に息子はいないので、プライベートでは経験がないが、過渡期にある少年たちには、まったく普通のことだと伝えようと常に意識している。笑ったり恥ずかしい思いをさせたりはNGだ。しっかりと目を見て話し、すべてが自然の流れであり、すぐにまた声をコントロールできるようになると安心させることが大切だ。

声が移行する期間は、男の子によって異なる。非常にデリケートな時期であり、私たち親には、息子に何がどんな理由で起きているのかを伝える大きな責任がある。不確かな状態でいることは、多くの誤解を生み、自尊心の低下を助長してしまう。

カウンセリングをしていると、身体の発達やセクシュアリティについて親や友人に話さないティーンの少年たちに出会う。セクシュアリティの話は後で少し触れるが、彼らは自分が経験している変化を理解できず、混乱している。


「声がかすれるのはなぜだろう」

「どうして友だちのように背が伸びないのだろう」

「勃起をコントロールできないのは、どうして？」

「恥ずかしいと感じるのは、なぜだろう」

「どうして夢精があるのだろう」


私が出会うティーンの少年が、両親のどちらか、あるいは両方と良好な関係を築いている場合もあるが、この時期に何が起きているのかについて、息子と深く話し合う必要性を見過ごしている親が多いようだ。

単に「男の子だから」という理由で、男子がこの分野で無視されがちになる印象をたびたび受ける。大人にとって、プライベートなテーマは話しづらいことも多い。用意周到な親であっても、恥ずかしくて気まずいものだ。多くの親が、単にその必要性を感じていないようにも思える。ティーンの男の子は、感情を隠したり、部屋にこもってコンピューターゲームをしたり、外で身体を動かしたりする。総じて女の子よりも口数が少ない。だから彼らには、話したがりの女の子と同等の対話は必要がないと安直に考えてしまうのだ。私は、これは誤解だと思う。性的な知識のほとんどを、ネットでポルノを見たり、誇張している可能性が高い友人から得たりすることは、自分に対する認識や境界線や期待についての勘違いにつながりやすい。ティーンの少年は、あらゆる種類の疑問や不安を安全な環境で解決でき、女の子と同じように感情やニーズを表現する学びを得ることから、大きな恩恵を受けるだろう。私はジェンダーにまつわる偏見のすべてを消し去りたいと願っている。すべてのティーンが夢精やシーツについた経血などを恥ずかしがったり愚かに感じたりすることなく、不安を大人に相談できる安全な場所を作りたいと考えている。

わが家では、娘たちはごく自然に、かなりプライベートな質問を私にする。また、父親のほうに相談したがるときもある。知り合いの男性は、ティーンの息子を安全にプライバシーが確保できる空間に連れ出している。一緒に散歩したり、2人だけで車に乗ったりするのだ。このような時間は、ティーンにとって、悩みごとを整理できる絶好の機会でもある。母と息子、父と娘の会話が望ましくないわけではない。自分の感覚で、ティーンのわが子の最適解を選べばいいのだ。子どもが新しい感情や変化をより深く理解するための安全な空間を作り出すことが、結果的に大きな違いをもたらす。子どもが「理解されている」と感じるためには、経験豊富な大人の思考に自分を照らし合わせる必要がある。声のかすれや気持ちの浮き沈み、体臭や体毛について、正確な説明を得て、普通のことだと教えてもらえれば、子どもに新しい気付きが得られるだろう。

インクルージョン

今の時代は、自分を男の子と定義しても女の子と定義しても構わない。全員が同性愛者か異性愛者のどちらか、というわけでもない。では、親がティーンエイジャーのわが子を「典型的な女の子」や「典型的な男の子」のような枠に入れることを避け、自分らしくいられるようサポートするにはどうしたらいいのだろう？　先日、ある子ども2人が初めて顔を合わせるのを見た。1人が「男の子なの？」とたずねると、相手は「違う」と答えた。「じゃあ、女の子なの？」「違うよ、ただの人間だよ」。たずねたほうの子はすんなり受け入れて、2人で遊びはじめた。私はこのやり取りに感動した。

ある親は、幼い息子がピンクのドレスを着たがることに戸惑い、将来どうなるのだろうと恐れている。その気持ちは理解できる。親としては、わが子にできるだけ凸凹や障害が少ない人生を歩んでほしいものだ。一般的な基準にぴったりと当てはまらなければ、歩む道が穴だらけになってしまう危険性が高くなると思ってしまうのだ。

まず、ジェンダーとセクシュアリティの違いを理解するとよいだろう。この2つはしばしば混同されるが、区分の仕方が違う。ある女の子がいる——これが彼女のジェンダーだ。女の子は男の子に惹《ひ》かれる、いわゆる異性愛者であり、それが彼女のセクシュアリティだ。赤ちゃんが生まれると、助産婦は性器を見て男の子か女の子かを判断する。大多数の人にとっては、これで問題がない。出生証明書に記載された性別が、自分が感じる性別と一致するからだ。これは「シスジェンダー」とも呼ばれる。シスとは「同じ側」という意味だ。つまり、自分が持って生まれた性別と同じ側にいるとき、あなたはシスジェンダーなのだ。

一方で、自分の性別を心地よく感じずに成長する人もいる。LGBTQ＋の人たちは、ジェンダーを、異なる方向性を示す3つのものとして捉えている。生物学的な身体の仕組み（セックス）、自分が認識している性別（ジェンダー）、そして、たとえば服装などのジェンダーの表現だ。この最後のカテゴリーは、その人が生活する文化に強く影響を受ける。

あなたが、ティーンのわが子にジェンダーとセクシュアリティについて話したいとしよう。その場合、あなた自身が多様性の見本になるか、オンラインで情報を検索することをおすすめする。女の子はピンクのドレスが好き、男の子はアクションフィギュアで遊ぶ、というのは間違いではない。しかし、ジェンダーの固定観念に異議を唱えても構わないのだ。男の子がピンクを着ることや、女の子がアクションフィギュアで遊ぶことは、間違っているのだろうか、と。

親の偏見が少なければ少ないほど、子どもはインクルーシブになり、集団の一部だと感じることができる——それはティーンになってからも続くのだ。

片方の性別に応じたおもちゃだけで遊べば、子どもの女性的または男性的な側面を刺激できると誤解する人もいる。ステレオタイプ的な例を挙げれば、わが子が別の方向に進もうとしていると感じた場合に、息子を「本物の男」に育てるためにサッカーをすすめたり、木登りが好きな娘にピンクのドレスを買ってあげたりする。これは、親の不安がそうさせるのかもしれない。親が子どもやティーンを全面的に受け入れ難いのは、多くの場合、親自身にわが子が「期待どおりの普通の枠に収まるべき」という偏った概念があることの現れだ。だから、「枠に収まるために、どの星を消してどの星を残せばいいだろうか」と考えてしまう。これはよくあるケースだ。人間は、よくわからないものを恐れるからだ。

ティーンのわが子に、みんなと違っているという理由で目立ってほしいと望む親は、多くはないだろう。しかし、子どもが感じた気持ちが何であれ、それを抑圧することはできない。自分の一面を隠したり、大切な星を消したりしなくてもいい。子どもの立ち位置に親が好奇心と理解を持って歩み寄り、親もまた「普通」を少し変える人たちの一員になればいいのだ。

親が使う言葉はきわめて影響力が大きく、それが決定的な基準になりやすい。あなたは子どもの頃、周囲からどのように評価されていただろう？　当時のレッテルのいくつかが、現在のあなたのアイデンティティに張りつけられていて、そのせいで星が消えてしまっているかもしれない。前にも書いたように、私は「要求が多い」と言われていた。他人を困らせるのはよくないことなので、人の役に立てるように自分を変える努力をした。あなたは、ティーンのわが子の前で、他人のことをどう話しているだろう？　その人の希望を尊重した呼び方をしているだろうか？　典型的な特徴によって女の子と男の子を分類していないだろうか？　「女の子は〜」「男の子は〜」のような言い方をしていないだろうか？　子どもと歩いているときにトランスジェンダーの人に出くわしたら、どんな反応をするだろう？　にやにやと笑う？　冗談めいたコメントをする？　常に申し分ない反応をして、他人の領域に踏み込まないのは難しいかもしれない。それでも、自分の発言が、自分の価値観や規範によって色づけがされていないか、寛容さやインクルージョンを表現できているかどうかに、注意を払う努力をすることはできる。

ティーンのわが子に好奇心を持って質問をし、子どもの視点に関心を示して認める練習をしよう。すべての疑問に答えられる専門家にならなくていい。どこまで立ち入るかを考えて、わが子のセクシュアリティやジェンダーに近づきすぎる質問には慎重になろう。親がいったん立ち入りすぎてしまうと、子どもが自信を取り戻すのが難しくなることがある。辛抱強く、子どもが親とすべてを共有したくないことを受け入れよう。「親は親切な司会進行役」と考えるといいだろう。ティーンの子どもと話すときは、感情的なつながりを意識することが大切だ。共感を持って、子どもがこのテーマについて、どれくらいの時間、どこまでの範囲を親に話したがっているかを観察しよう。

セクシュアリティ

私が初めてお腹《なか》がむずむずする経験をしたのは11歳のときだった。休暇中で、父と妹といとこと一緒に自転車で国内を旅していた。ある宿泊先で、私たちは同い年の優しい男の子と話し込んだ。すると少年が、特別な関心があるような温かい視線を私に向けてきた。そんな経験は初めてで、少年につながりを感じるという自分にとっては新しい体験だった。自分の内部で起こったことが少し恥ずかしかったので、すぐになかったことにしたが、その感覚は心のなかに永遠に保存されている。

セクシュアリティは人間の発達と幸福に必要な、本質的なものであり、ティーンのアイデンティティ形成の核心でもある。次に紹介する世界保健機関〔WHO〕のセクシュアリティの広範な定義は、ティーンの性的発達に影響を及ぼす、多様な下位要素を理解するのに役立つだろう。

セクシュアリティは、すべての人のパーソナリティに不可欠な要素だ。それは基本的な

欲求であり、人間であることの一側面であり、人生の他の側面と切り離すことのできないものである。セクシュアリティは性交と同義ではない。それは私たちがオーガズムに達しているかどうかではなく、最終的には私たちのエロティックな人生の総和でもない。それは私たちのセクシュアリティの一部かもしれないが、そうである必要はない。セクシュアリティはそれをはるかに上回るものだ。それが私たちを愛とぬくもりと親密さを求めるように駆り立てる。それは私たちが感じ、動き、触れ合う方法として語られる。官能的であることは、性的であることと同じくらい重要なことなのだ。

セクシュアリティは私たちの思考、感情、行動、交流に影響を与え、そのことによって私たちの精神的・身体的健康に影響を与える。そして健康は基本的人権であるため、性的健康も基本的人権でなければならない。

この定義は、セクシュアリティを、私たちが感じ、動き、触れ合う方法として表現し、愛情とぬくもりと親密さを求める肉体的・精神的エネルギーとして説明している。セックスと情熱と欲望は汚いものでも間違っているものでもなく、豊かで素晴らしいものなのだ。

私は内向的な人間だが、セクシュアリティについてごく自然に語ることが重要だと思っている。普通の言葉を使って、相談者に死、悲しみ、恐怖、幸福について話すのと同じように、娘たちとセクシュアリティについての話をする。ティーンが性的な世界を探求したいという欲望や欲求は、親が話さないからといって消えるわけではない。

家庭で築かれた知識と情報という基盤があると、子どもは自分の考えや感情、欲望や境界線を理解しやすくなる。ミツバチと受粉の話を例に出すとは限らないが、基盤作りの多くは幼少期に行われる。親のあなたが積極的に自分の身体についてポジティブに話し、子どもに「ノー」を尊重することを教え、ティーンになって恥ずかしがる前に子どもが挙げる質問にどのように答えてきたかが大切なのだ。いったん性的な妄想を持ちはじめてしまうと、たいていは、親とその話をするのが気まずくなるものだ。あなたのほうから、質問があればいつでも来るようにと伝え、時間を作って他人について肯定的に話そう。子どもと一緒にリアリティ番組を観て、出演者の体験について考えてみるのもいいだろう。私はいつも娘たちに、テレビで観ているものが標準ではなく、少し（またはかなり）誇張して演じられているものだと話すようにしている。私が何か言うと、娘たちはすぐに「はい、はい、お母さん、これが必ずしも標準ではないのはわかっているわ」と即答する。個人的には、リアリティ番組で若者たちがセックスについて、欲求を素早く満たすためだけの機械的な行為であるかのような偏った話し方をしているのが少し心配だ。また、アナルセックスや「1000種類の新たな体位」なるものを紹介しているのを見ると、リアリティ番組のスターをフォローして尊敬する多くの若者が、これが標準だと考えて、だったら自分にもできると思ってしまうのでは、と恐ろしくなる。目にしたすべてのものが「普通」だと思い込むと、「自分の出来具合」に対する不安が膨れ上がる。多くの若者世代が恐れを感じるのも不思議ではない。私は少し考え方が古いのかもしれない。ティーン自身が大丈夫だと感じていれば、それでいい。ただし、際限がないように感じられるので、それが怖いのだ。

ポルノが教えてくれること

ゲイリー・チャップマンが「5つの愛の言葉」を定義したのと同じように、受賞歴のある性科学者でクリエイターでもあるジャイヤが定義した「5つの性の言葉」がある。人々が情熱的に深く愛し合えることに尽力している彼女によると、「5つの性の言葉」は次のとおりだ。

- 「エネルギッシュ」：タントラやヨガに夢中で、身体のエネルギーを感じることに集中している
- 「官能的」：ロマンチックで、ホットオイルを使った長時間のマッサージ、刺激的で静かな音楽、セックス前の長い前戯を好む
- 「セクシュアル」：前戯をやめて、すぐに楽しみに行くのが好き。挿入を楽しみ、せっかち

でいやらしく熱いセックスを好む

●「キンキー」：クリエイティブで好奇心が旺盛で、冒険が大好き。自然のなかでの長時間の遊び心のあるセッションなど、変わった場所でのセックスになる可能性がある

●「シェイプシフター」：すべての性の言葉を変幻自在に使う。スペクトルは多様かもしれないが、筋の通ったセクシュアリティを持っている

「5つの愛の言葉」が娘たちの愛の理解を深めるのに役立ったように、「5つの性の言葉」も欲望の違いを理解する上でのイメージを与えてくれる。自分が好む境界線を定義しやすくなり、自分の基準を持ちやすくなるのだ。また、セックスや欲望は、人によって違うことを認識できるようになる。

問題なのは、多くの若者がポルノ作品を通じて性について学んでいることだ。ポルノは、実際の行為で必要とされることについてのイメージをゆがめてしまう。ポルノは現実とはまったく違うので、セックスという新しい分野に参入するティーンに多くの誤解を与える。ポルノは、見せるための演技のセックスなのに、それがティーンの脳と人との関わり方に影響を与えてしまうのだ。ポルノは必ずしも悪いものではないし、賛否を言いたくはないが、ひとつ確かなことは、それが本当のセックス、つまり寝室で行われるものとは大きく異なるということだ。深

い交わりも本物の情熱もなく、真の欲望に包まれて互いの身体や性感帯を探ろうとする関心もない。

ところが、ティーンはそうとは知らない。画面に映っているのが心のつながりがない俳優たちの演技だとわからないのだ。視聴者に最大の効果を与えるために、カメラのアングルや俳優の座り方や寝そべり方や立ち方を工夫し、それらしい効果音が使われているが、現実からはほど遠いのだ。しかし、ティーンは自分もいずれこうするのだと思い込んでしまう。ポルノで見たものを外見も行動も真似する必要があるとなれば、自分の身体についての不安が生じてしまう。男の子は、相手を喜ばせるためには常に硬く勃起する巨大なペニスが必要だと学習する。また、女の子は常に興奮していて、一度でオーガズムに達するのだと学習する。身体の構造や正しい角度については誰も教えてくれないし、男性が勃起できないシーンは編集でカットされていることも知らない。ポルノが教えてくれるのは、男が常に硬くて準備が整っていて、女は意欲的で興奮していてオープンだということだ。

最近のポルノが、若者のセックスや親密さについての認識を破壊していることは、多くの記事で指摘されている。誰もが本物と演出された性交を区別できるわけではない。整形手術を受けた女性は、もはや自然な姿には見えず、誰にも目指すことができない（目指すべきでない）人形のようだ。このことは、女の子の見た目やベッドでのふるまいについて不当なプレッシャーを与える可能性がある。同様に、若い男性のなかには、ポルノでマスタベーションしたときに見た女性のような身体をしていないから、ティーンの恋人が寝そべったときに勃起することができない人もいる。もちろん、疑念や緊張もあるだろう。

セックスに関するパフォーマンスの不安は、性的な問題を抱える多くの若者にとってごく一般的な問題だ。今日では、バーチャルで恋愛が展開することが珍しくなく、その空間では簡単に自分を都合よく見せることができる。その結果、物理的に近づいてリアルな関係を築くときに、事態が複雑になる。今の時点で開発途上にあるものには、何らかのゆがみがある。それが、このテーマを本書に取り上げた理由だ。というのも、ティーンエイジャーの少年の間で、勃起薬の使用が明らかに増加しているのだ。

デンマーク保健医薬品局によると、処方された勃起薬を購入した18歳から24歳の若者の数は、1999年の150人強から2019年には約1000人に増加した。また、25〜44歳の年齢層でも顕著な増加が見られる。1999年には約3000人が処方薬を購入したが、20年後には約1万4000人に増加した。しかし勃起薬は、注意して服用しないと血圧の異常や頭痛などを引き起こす可能性がある。だから私は、ここは親の出番だと思う。ティーンのわが子に、自分をもっと大切にし、期待値を下げ、空想と現実の区別を学ぶように働きかけよう。ティーンの脳はこの区別をはっきりと認識していないため、将来的に空想と現実の不一致が生じる危険性がある。そこであなたから、親密な相手との間に「安全なスペース」を作るためのヒントを教えることができる。そのスペースのなかでは、緊張したり不安になったりしても大丈夫で、「最初はうまくいかなくてもOK、焦ることはない」と思えるようにするのだ。対話し、接触し、存在感を示すことが前に進むためのポイントだ。

ほとんどの国では、学校で性教育が行われ、クラスの他の生徒と一緒に特定のトピックに触れることになる。人によっては気まずく不快に感じられ、必ずしも意図した結果が得られるとは限らない。親のあなたがすべきなのは、ティーンのわが子のニーズや質問を正確にくみ取った反応や発言をすることだ。子どもが自分の考えや経験を言葉にするのを手伝い、正常な発達についての言語を学ぶことがまったく問題なく、むしろ不可欠であることを教えてあげよう。

世界は、違いやニュアンスや多様性に寛容であることを求めている。今私たちは、きわめてオープンなZ世代が多くの常識をひっくり返すのを目の当たりにしている。すべてを理解するのは難しいかもしれないが、親の私たちも心を開き、好奇心を持って受け入れることが必要だ。彼らが調べたことや規範違反を「間違いだ」と断定することからは、何も得られない。違うから切り離すのではなく、寛大な広い心を持って人と接するように心がけよう。少なくとも私たちにできることは、決して関係を損なわないように努力することだ。

ティーンのわが子がいつかは経験する変化を目撃できるという、美しく繊細な贈り物を大切にしよう。かつては幼かったわが子が、前進して違うステイタスを持つようになり、それを永遠に大人の生活に持ち込むことになる。素晴らしいことだ。

第八章　「最後通告」を使わない

怒りと受容

私は、さまざまな文化背景を持つ異なる国の親のカウンセリングを行ってきた。なかには、「声を荒らげて権威を示し、規則や最後通告に従わせるべき」と考える親もいた。話に耳を傾けることも妥協することもできず、（そのつもりはあったとしても）ティーンのわが子を従わせないと面目を失ってしまうと感じていた。何かを変えたいと思いながらも、方法がわからず、自分でも理解できない困難な状況から抜け出せない。そのせいで、思春期の子どもとの関係に距離ができていたので、アプローチを和らげ、もっと大きな視点を持とうと模索していた。よかれと思っての言動であることは、親であれば誰でも理解できるのではないだろうか。

デンマークでは、ほとんどの親がそのような「権力」の使い方はしない。上下関係による支配とは対照的な、もっと水平な子育てを目指しているからだ。もちろん、この国においてもアプローチはさまざまだ。ただし、ほとんどのデンマーク人は、権威主義的ではなく、より民主的なスタイルでティーンと関わっている。服従を重んじるのではなく、問題解決のときには助け合いと互いへの敬意が重視される。ティーンと一緒に問題の解決策を模索するときに大切なのは、問題のせいでそれ以外のあらゆることを否定してしまわないことだ。うまくいっていることや評価していることを念頭に置こう。そうすれば、最後通告をしなくても、解決の方向が見えてくるかもしれない。親が常にすべての答えを持っているわけではないことを認めて、敬意を持って受け入れられる方法を見つけよう。子育てを漫然と行うのではなく、常に新しい対処法や知識を身につけ、学ぶ努力をすることが大切だ。

「最後通告」とは、交渉の最終条件を説明するために使われる用語。不可避であり、元に戻すことはできない。

私は最後通告が効果的だとは信じていないし、権威主義的な親でもない。最後通告を使ったことはないし、子どもを叩いたこともない。私が完全無欠な人間だからではなく、単に自分の中に組み込まれていないというだけだ。ティーンのわが子に怒ったり怒鳴ったりしても、何もいいことがないと思っている。私にとっては、子どもとギブ・アンド・テイクの会話をしながら、自分の理屈を説明することが重要だ。そうすることで、子どもはクリティカルかつ合理的に考えることを学ぶ。これは、現代のSNSの情報の量や質を考えると、多くの落とし穴を避け、チャンスをつかむために欠かせない能力だ。私は自立して自主性を持つことを奨励している。境界線の引き方について説明するときは話し合うようにしているし、温かく思いやりがあり、反応のよい母親であるように努めている。そして、挫折したときに立ち直れるレジリエンス〔回復力〕を身につけられるよう、しっかりした愛着を築くことに全力を注ぐ。それが子どもたちの自尊心を高めて、変化を起こすだけの自信につながるのだと確信している。

私は、子どもが意見を口にして決定に参加するのを嬉しく思う。夕食に何を作るか、どのように信念を貫くか、大学卒業後に何をするか、友だちと過ごすときに何をするのが好きで、何を大切にしているかについて、さまざまなアイデアを持っている。私のことを尊敬していて、パワフルな女性として見ているし、たいていのときは行儀がよく、不健康な行動をしない。また、私が「ノー」と言えば、絶対にダメなことを知っている。

教師をしていたときも、私は一度も怒鳴らなかった。生徒たちに敬意を持って穏やかに話すと、生徒たちも同じように応えてくれた。もちろん、毅然とした態度で率直に伝えることもあったが、それは怒鳴らなくてもできることだった。生徒たちも、私の言ったことに疑問を抱くことはなかった。教師を辞めたとき、生徒が「厳しく要求が多かったが、愛情と思いやりが深い『学校のお母さん』」と言ってくれた。これがこの世における私の在り方だ。他の人にとって必ずしも正しいわけではないし、最後通告さえしなければよく育つということもない。ティーンはひとりひとりが違っているし、パニックボタンの押し方も異なり、どんな人も、できる限り最善の方法で対処しようと努めている。ものごとが混乱しているときは、自分の心の動きを認識することで、知恵が得られ、強くなれる。「なぜこうなった?」「この反応はどこから来る?」と自問するのだ。親が自分の声に耳を傾ければ、ティーンのわが子にとっての最適な答えがわかる。常にすべての正解を持っていなくてもいいのだ。

「国連子どもの権利条約」は、子どもの権利を保護することを約束した国々による重要な協定だ。この条約は、子どもの定義と、子どものすべての権利、政府の責任について説明している。すべての権利はつながっており、すべて等しく重要であり、子どもたちから奪うことはできない。条約本文の要約は、ユニセフのウェブサイトで読むことができる。
https://www.unicef.org.uk/what-we-do/un-convention-child-rights/

最後通告は、子どもの信頼感を奪う

最後通告は一方的なコミュニケーションツールだ。怒りやイライラを感じていて他に頼るべき手段が見つからないときに、自分の権力を行使する有害な手段である。最後通告とは、交渉における最後の要求に起因する用語だ。拘束力があり、元に戻すことはできない。子育ての分野でこれを行うのは、不可能なように私には思える。「自分の部屋で反省しなさい。教訓が得られるまで出てこないで」と、どうして言えるだろう？　教訓を学んだかをどうやって知り、どうやってフォローアップするのか？　最後通告をフォローアップする人は、ほとんどいない。せいぜい、ティーンの子どもが部屋から出てきて「ごめんなさい」を言うまで放っておくぐらいのことだ。親はうなずいて、こう問いかける。

「教訓は得られた？」

子どもがうなずく。親は、同じ問題が将来再び起こるかどうかを確認するとは限らないし、起こったことに気づかないかもしれない。最後通告を使って親が伝えている唯一のメッセージは「愛されるには条件がある」ということだ。子どもが「よい」ときは愛するが、「悪い」ときは愛さない、と。

最後通告が失敗する運命にあるのは、説明や議論による新たな学びを排除してしまうからだ。最後通告は「星を消す装置」だ。親を「信頼できない人」にしてしまう。親が明確なルールを設定し、選んだ価値観に従って生きるのは別に構わない。しかし、親が適切ではないと思う行動についてティーンのわが子を「罰する」方法として最後通告を使うことには問題がある。厳しく叱責されたり、理不尽な最後通告を受けたり、感情に寄り添って接してもらえなかったティーンは、後年になって問題に対処することに少し困難を感じるようになる（リフレーミングの章の60ページの男の子の事例のように）。感情的ネグレクトを受けたティーンは、決断を下すのに不安を感じやすい。すぐに自分の能力に対する信頼を失い、不安になって心配する。ストレスや困難にうまく対処できず、残りの人生に悪影響を与える下手な選択をしてしまう可能性がある。多くの研究から、最後通告は恐怖と距離と孤独と多くの葛藤を助長するだけだとわかっている。ティーンのわが子にそうしたことを望む親はいないはずだ。

状況によっては、最後通告を出す以外に手段がない場合もあるだろう。私の仕事とプライベートの両方の知り合いから、ティーンの子どもが無責任で危険な行動を取った話をよく聞く。たとえば、父親の車を盗んだ息子がいた。スピードを出しすぎて事故を起こして車が大破したが、怪我人がいなかったのが不幸中の幸いだった。警察は少年を父親のもとに連れてきて、車を盗んだ息子を通報するかどうかをたずねた。別の少年はある日、自分の原付バイクを家のなかに持ち込み、分解して修理して、親を困らせた。また、ティーンの子どもが勝手に家でパーティを開き、招かれざる知らない人たちに侵入されて家をめちゃくちゃにされたと話す親は、ひとりではない。子どもがドラッグを使用したり喧嘩沙汰になったりすることもある。

親の価値観や最善を願う思いを伝えようとしても、ティーンの心に響かないときもある。ティーンのわが子に理屈を説くのは無意味だと感じるのも、また真実だ。ティーンの前頭葉は、情報を受け取って解釈する準備が整っていないので、親が望むような反応や行動の変化は得られないのだ。

私が相談を受けた聡明で素晴らしい少年は、14歳にして、すでに自分の家族になじめないと感じていた。疎外感があり、自分が育てられた価値観や規範に共感できない。ありのままの自分を見てもらっているようにも認めてもらっているようにも思えず――これまでもずっとそうだったのかもしれないが、ようやく感情に従って行動する強さを持ち――あらゆることに常に反抗していた。両親は、息子が反抗する動機が理解できず、息子に質問したこともなかった。3年半の間、親子は毎日対峙し続けた。関係は壊れていくばかりで、ついには冷酷で愛情のない関係になってしまった。最後通告が突きつけられ、少年は家を出ていくように告げられた。ネガティブで消耗するエネルギーに、それ以上誰も耐えられなかったのだ。少年は多くの星を消してしまい、両親はいらだって疲れ果ててしまった。

ところが、少年が家を出てからしばらくして、物理的・精神的な距離ができたことで、和解できる状態になった。親子は突然、新たに適当な合意点を見つけることができ、壊れた関係の再構築が始まった。このように、多くの人が最後通告に反対する一方で、完全にこじれてしまった場合に、最後通告が解決策になることもある。

そこまでのことは避けたい人にとっても、「民主型」のアプローチとは、境界線を〈設けない〉ことではない。それどころか、境界線を設けることは必要であり、それを最後通告と比較するべきではないのだ。境界線を設定するために、親が何を受け入れ、何を受け入れないかについて、はっきりと言葉にしよう。

「あなたがそんなことをしたら、私は死ぬほど怖いので、とにかくダメよ」

「喧嘩は恐ろしいし、あなたが刺されたり、頭を蹴られたりして、脳に損傷を負ったり、銃で撃たれたりするのではと心配だ。どうしてそんな状況になるのか教えてほしい。理解したいと思っている」

「原付バイクを家に持ち込むのはよくない。二度としないでほしい。外に置いて修理すればいい。わかった？」

「許可なくパーティをするのは、親の信頼を損なうことだ。私はあなたを信頼しているし、信頼が家族を団結させ、特別なものにする。どうすれば信頼を取り戻せる？」
「反抗して私たちの生き方に歯向かおうとするけれど、あなたについて私たちが見えていないことがあれば教えてほしい」

ティーンの子どもと関わるときは、行動を通じて親の価値観を伝えることが大切だ。そのために必要なのが、表面の下に隠れた意識を見る能力である。親が自分の価値観を知ると、境界線を設定しやすくなるし、個人としても家族としても好き嫌いについて話しやすくなる（これについては、私のオンライン講座で詳しく説明している）。わが子への期待と、親に期待されていると子どもが認識していることとの間に不一致があり、対立が起きる場合は、なおさら効果的だ。期待のすり合わせは、ほとんどの場合行われないので、衝突や意見の相違が生じるのだ。

対立を望むティーンはいない。怒鳴られたり最後通告で脅されたりすると、進んで協力するのをやめてしまうだろう。心を閉ざしてしまい、星の輝きを消して、サポートや指導が必要なときに親に近づかなくなる。親の願う形とは逆になってしまうのだ。これを避けるには、親の希望を強引に叶《かな》えるために最後通告を使うのではなく、親の態度を方向転換しなければならない。

「民主型」の子育てとは

残念なことに、多くの人が、「権威型」ではない「民主型」の子育てのアプローチについて誤解している。民主型の親にはルールがなく、立場が弱く、権威がなく、消極的だと考える人もいるが、それは誤った推測だ。冷淡で反応が少ない権威型の親とは違って、民主型の親は、ティーンの子どもの「対話を通じて理解を得たい」「サポートしてもらいたい」という感情的なニーズに応えようとする。民主型の親になるには、時間と知識と熱心さが必要だ。権威型の親がやりがちなのは、ティーンの繊細な感情を弱さと解釈して、それを押さえつけるために「親の言うとおりにしなさい」と即座に決めつけるような意見を出すことだ。または、平手打ちをしたり屈辱を与えたりして、誰がボスなのかを示そうとする。即座に断固とした行動に出て、民主型の親のように長期的なアプローチを取ることはない。

民主型の親は、子どもが自主性と自立を求めることを許す。厳しくコントロールするのではなく、わが子の行動を注意深く監視して、必要に応じて修正する。民主型の親は、家族の意思決定にティーンの子どもを関わらせる。双方向のコミュニケーションを大切にするのだ。一方で、権威型の親のもとで育ったティーンは、親から要求ではなく命令を受ける。民主型の親も権威型の親も、ティーンのわが子に大きな期待を抱いているのは同じであり、アプローチが大きく違うだけなのだ。

「変異型」とも言えるタイプの子育てもある。民主型の親でいるためには、多大なエネルギーと時間が必要なので、十分なリソースがないという理由で、自分のルールや価値観を守り抜くことをあきらめてしまうのだ。そういった親は、自分を民主型だと見なしたがり、権威型になることを恐れている。しかし、日々の家事にストレスと疲れを感じるあまり、長い説明が必要な話し合いをしたり、建設的にルールを設定したり、ティーンの子どもの報告を毎日受けたりするエネルギーがない。志半ばであきらめてしまい、生まれたのが新しい子育てのアプローチだ。親が役目を降りて、責任を手放し、多くの場合、意思決定までを子どもにゆだねるやり方だ。「私は子どもを決定に関与させ、子どもたちに共同決定権を与えている。だから私は優しくて民主型の親だ」という誤解をしている。よい親の定義をはき違えているのだ。今の世代の親には、境界線を設定して明確な親の役割を引き受けるのが難しく、たとえば、まだ服を着ていない幼児を毛布にくるんで幼稚園に連れてくる人までいる。子どもを先生に手渡して、服を着せてもらうことを期待する——疲れ切っていて、一日を終わらせるだけで精一杯なのだ。

一部の親が、親が権限を持つことを間違っていて有害であると考えているのは残念だ。子どもは心身の健康のために、安定した何かに寄りかかることが不可欠であり、道をリードし、安心感を与える人を必要としている。子どもの世話をする人さえも、自分がすることに自信を示せないとしたら、私たちはわが子をどんな世界に残すことになるのだろう？　不確実性や不安と闘う子どもや若者がますます増えている。そのことは、民主型であることと、日常生活を子ども任せにしてしまうことを混同していることと関係しているのかもしれない。子どもやティーンが責任を背負うことはできない。親は、子どもが寄りかかることができる健康的で安全な基盤を確保すべきだ。また、親はどの段階においても子どもをコントロールすることはできないが、常に１００％の責任を負っていることを忘れないでほしい。

「子どもとあなたは平等だが同じ地位ではない」というのが重要な点だ。あなたが責任を放棄すると、頼れる人がいなくなり、子どもが不安に陥る。あらゆることが議論や交渉の対象になってしまうと、ルールや約束ごとに混乱が生じる。話し合いや口論をしたくないからといって、家族の波風を立てないようにルールや価値観を緩めてしまうと、どうなってしまうだろうか。

残念ながら、これは裏目に出る。枠組みと価値観が明確に決まっていなければ、民主型の親になることはできない。自由放任主義のアプローチは、ルネッサンスをもたらした。子どもが親と同じ立ち位置ですべての決定に関与しなければならないことを新しく学んだために、権威や他者との境界線を尊重せずに交渉しようとする若者世代が育っていったのだ。学校や家庭のなかで問題が生じるのは、ほとんどの場合、子どもたちが「世界は子どもたちとそのニーズを中心に回っている」と教えられてきたからだ。何が子どもにとって最善かを知っている大人が主導していないのだ。

この「自分中心」の新しいアプローチの傾向を変えるには、親がリーダーの役割を取り戻し、そのことが長期的に変化をもたらすと信じることだ。権威型のやり方ではなく、民主型のアプローチには、熱心に取り組む努力が必要なのだ。近道はないので、途中であきらめずに長期的な効果を信じるしかない。私はこれを説明するときに、「人が1日のうちに使えるエネルギーは100%であり、これをどう管理するか」と話している。たとえば、70%を仕事に費やし、20%を実務的なタスクに費やし、残り10%を愛する人たちに分配する。この比率は、あなたにはどう映るだろう？　子どもを民主型のアプローチで育てるエネルギーを確保するために、1日の予定を調整する必要があるかもしれない。

練習を重ねれば、その部分が強化される。あなたがティーンのわが子に望むのが、尊重し合いながら親の言葉に耳を傾けることだとしよう。その場合、物理的に子どもの近くにいて、その場ですぐに対応でき、よい価値観と生活が健全に実践されていることを行動で示す必要がある。今以上の時間もエネルギーもないと言う人もいるだろう。しかし、優先順位のつけ方を検討すると、たいていの人は、不必要に無駄なリソースが詰まった小さなポケットを見つけることができる。ティーンのわが子と楽しい時間を過ごすためなら、家事のいくつかをサボってもいいかもしれない。洗濯物を放置したり、掃除の基準を下げたりして、一緒にキッチンに立ったり、散歩に出かけたりしよう。掃除は工夫次第でなんとかなる。子どもと時間を過ごしたいと思っていることを行動で示せば、変化が生まれる。覚えておいてほしいのは、子どもはすでに、きらめく星を自分のなかに持ち、なりたい自分になっているということだ。親とティーンの関係は、互いに敬意を持って心を開くことにかかっている。そして、常に関係を育もうという意識が必要なのだ。

罰の与え方は「アウト」より「イン」

「お酒を飲んではいけません」
「この家のルールと親を尊重しないのなら、自分の部屋に行って、教訓を学ぶまで出てこないで」

このように最後通告を出したり、権力を行使したりしていないだろうか。
ティーンの子どもに恥をかかせたり、自分が小さいと思わせたりするのは、親が支配し、上に立っているというメッセージを伝えることだ。親子の目線の高さが違っているので、子どもが行動を反省するためにタイムアウトを設けてひとりにさせるか、家族の活動に参加させるかを、親が決める。「悪さをしたときに子どもをひとりにして反省させる」タイムアウトのしつけは、手本を示すためによく使われている。しかし、タイムアウトに従わないという選択肢はないため、タイムアウトは最後通告に似ている。

タイムアウトは、子どもやティーンの行動を変えるために多くの人が使う一般的なしつけの方法であり、厳しい叱責に代わる穏やかな代替手段と考えられている（デンマークでは1997年に体罰が違法となった）。

タイムアウトの根本的な目的は、できれば避けたいうんざりする状況にティーンを置くことで、悪い行動を抑制することだ。たとえば、飲酒は全面禁止なのになぜ酔っぱらったのかを、自分の部屋で何時間も考えさせる、といった具合だ。

ティーンは時々間違った行動をする。親の務めは子どもを導くことであり、子どもがまだ完全にコントロールできないことに罰を与えることではない。親がやりがちなのは、ティーンのわが子が、コントロールができるにもかかわらず意図的に約束やルールを破ったという仮定のもと、働きかけようとすることだ。実際にはそうでないケースもあり、意図的な行動に見えても心の傷や満たされない欲求が隠れていることがある。禁止事項についてしっかり教えることは不可欠だ。そこで親の役割が依然として重要になるが、最後通告を使わなくてもいい。タイムアウトによって愛情に満ちた快適な環境から引き離し、意見を上手に言えないまま、ひとりで思いを抱え込ませるのはよくない。ティーンには、自分の感情を特定して積極的に言葉に出すための導きが必要なのだ。

タイムイン〔親が子どもに寄り添うしつけの方法〕はタイムアウトに少し似ているが、はるかに思いやりがあり、価値がある。タイムアウトと同じで、いったん停止の時間を持つが、ティーンは最後通告を受けたり孤立させられたりすることなく、安全な雰囲気のなかで、言いたいことを話して心を落ち着けることができる。親が同席してティーンと一緒に気持ちを整え、感情を表現する言葉を与え、慰め、別の自己表現のやり方を指導すれば、タイムインのほうが親にとってもティーンにとってもよい選択肢になる。親が禁止事項だけを指摘すると、子どもは何を期待されているのかがわからない。タイムアウトのしつけを続けたい場合は、必ずタイムインを取り入れてバランスを取るようにしよう。

嵐のように争った後には、親子共に平和と静けさが必要だ。知り合いの家族は、リビングルームに「神聖なアームチェア」を置いている。部屋に閉じこもり、ひとりで感情を抱え込む代わりに、必要な人がアームチェアに座って、ひとりの時間を過ごすのだ。その椅子に座っているときは、誰も邪魔しない。タイムインのために作られた椅子だ。このやり方はとても素敵だと思う。心を鎮めて神経を落ち着かせるときに、安心感を与えてくれる人のそばにいることができる。争ったからといって別々に過ごしたり距離を取ったりする必要がなく、そんなときこその仲間がいることや距離の近さを感じ、理解してもらえる状況がもたらされるという事実に安心感を覚えるだろう。

他者に敬意を払わない人がいたり、大人が子どものニーズを無視したりすると、私は気になって仕方がない。子どもはあなたを映す鏡であり、親であるあなたは、優しさと寄り添う心と思いやりを持ってこの責任を負うべきだ。親の行動の動機を子どもに理解させるようにしよう。そうすれば子どもが、個性を育みながら、自分にとって正しいと感じることを選択するスキルを身につけるのに役立つだろう。

対立と「ノー」の禁止

思春期には、対立が激しくなる機会が間違いなく多い。手を離す時期の扱いは、多くの親にとって難しいものだ。子育ての役割に注いできたすべてを妥協せざるを得なくなり、プライドが傷つくかもしれない。突如として、「必要とされていない」「無視されている」といった感情と向き合うことになり、自分の意見がもはや絶対ではなく、子どもが飲酒をし、約束が守られていない、といった事態に対処するはめになる。そしてティーンのわが子に、親の指示を尊重するように全力で働きかけるか、やってはいけないことの話をえんえんとしてしまう。しかし、そのエネルギーの使い方は完全に間違っている。

ティーンの「ためになるアドバイス」の受け取り方は独特だ。多くの場合、親の言っていることから「ノー」を省いてしまう。だから基本的に親は、してほしくないことを奨励してしまっているのだ。たとえば親が「お酒は飲まないで」と言うと、「ノー」と言っているにもかかわらず、子どもは飲酒の誘いだと解釈する。「帰宅が遅くならないで」と親が言っているのに遅く帰ってくるのは、「ノー」が聞こえないからだ。「ノー」を含む声かけは、親が本当に望んでいることの正反対であると解釈される。親が意識を向けるべきこと、そしてティーンの脳の発達に役立つことは、親の言葉を「否定形」から「肯定形」に変えることだ。

「ノー」を使う代わりに、ポジティブな意味合いを持たせれば、親が伸ばしたいポイントに焦点を当てて強化できる。


「飲酒に興味があるなら、家族全員が納得する方法を見つけましょう。私たちならできるわ」

「午後10時に帰ってくるのを待ってるわ。外出を楽しんできてね」

「私はあなたを信頼しているし、愛しているわ」


話を聞いてもらいたいとき、親がこういった言葉を選ぶと、ティーンは混乱しにくく、協力しやすくなる。禁止ではなく望みを伝えることで、信頼感を示すことができる。両者にとってはるかに建設的な会話になり、攻撃的ではないエネルギーを保つことができる。親は、実践してきた子育てを信頼し、たとえ子どもが、自分なら選ばないような人生を送っていても、自力であるべき姿の輪郭にたどり着けると信じるべきだ。

ティーンの行動をコントロールすることはできないが、親子の関係強化に意識を注ぐことはできる。家庭内に混乱が起きると、親の心配がティーンに集中することがしばしばだ。しかし、家族の現状の真実を把握するには、全体像を見ることをおすすめする。あなたとパートナーとの関係に問題はないだろうか？　仕事はストレスになっていないか？　親の星が輝いていなかったり、子どものそばにいないのに、干渉しようとしていないか？　子どものために身体を空けてあるか？

親が、ティーンの子どもと一緒にカウンセリングを受けようと電話してくる場合、家庭内で他に多くのことが起こっていることが多い。病気や離婚、浮気、失業、転勤といったことが、家族全員のエネルギーに影響を与えているのだ。親自身が混乱のさなかにあり、気がつけば、心の動揺の明らかな原因をティーンのわが子に集約してしまうこともある。そういったケースばかりではないが、ストレスが積み重なっているときは、原因の範囲を広げて考えるのがよいだろう。もちろんティーンの行動が原因のこともあるが、関係に深い溝を作らないように注意しよう。

ティーンのわが子が嘘をついて、親との時間を避けているとしよう。もしかしたら、家庭内の雰囲気が険悪であることが原因かもしれない。嘘や反抗の背後にある意図が明らかにされない限り、子どもに結果を押しつけても意味がない。子どもが正直で傷つきやすい面をさらけ出すには、安心して心を開く環境が必要だ。親が自分の感情に気を取られすぎると、丁寧に話が聞けなくなり、子どもとの約束に妥協したり調整したりができなくなる。

新型コロナウイルスが流行したときは、「ステイホームを守り、友人とパーティに行かない理由」をきちんと説明することが求められた。全員が、いつもどおりにできないことを理解した上で、全体の利益のために注意と思いやりを持って行動した。責任はティーンではなく親にある。親が子どもを、人生の選択の動機を理解できるように導く必要があるのだ。

最後通告を使うと、不平等な立場からコントロールできるという価値観を伝えることになる。ティーンの子どもに対して、矯正するか、しつけるか、共感するかを選ぶときには、行動が伝えるメッセージに責任を持つようにしよう。最後通告を使いたいという誘惑に陥りがちだが、深呼吸して、これも人生の重要なレッスンなのだと言い聞かせよう。ティーンは限界を押し広げ、ルールを試すことが求められている。悪意や操作的な意図に満ちているわけではなく、学習中であるということを、パニックのスイッチが入ってカッとなりそうなときに思い出すとよいだろう。最後通告や脅し言葉は強力だが、距離の近さや信頼感を伝えるものではないことを覚えておこう。

ティーンのわが子の生活から目を離さず、幼かった頃と同じぐらい丁寧にフォローしよう。生活について助言するのではなく、子どもに質問をしてしっかりと話を聞くべきだ。大人に接するのと同じように、子どもに関与して熱心に話に耳を傾ける。最後通告を、パートナーや母親や隣人との話し合いで使うことはないはずだ。子どもにも同じように接しよう。最高のコラボレーションを実現するために、ティーンの子どもに対して民主型のアプローチを貫くべきなのだ。

魔法の言葉「Pyt」

ティーンのわが子と口論になったときに、「負け犬」などの侮辱めいたことを言われると、つい個人的に受け止めてしまうものだ。また、子どもがドアを閉めて部屋にこもったり、友人と話していたりすると、拒絶されたように感じるかもしれない。カチンときて「親に対する口の利き方ではない」と文句を言いたくなるだろう。非難モードに入るかもしれない。

「何でも言える仲だと思っていたのに。もう私のことは信用していないの？」

限度を超える言い方をされたら、もちろん反応するべきだ。しかし、心のバランスを取り戻したら、ティーンには穏やかにアプローチするのが最善だ。いったん頭を冷やして、子どもの行動の背後にある意図を理解すれば、衝動を手放して意識的に行動ができる。もちろん簡単なことではない。こんなふうに、子どもに反応してみよう。

「同じことを言われたら、どんな気持ちがする？」
「負け犬呼ばわりされたら、気に食わないでしょう？」
「家族同士はちゃんとした言葉遣いをする約束よね？」

ただし子どもは、不公平を感じたときにそれなりの反応をする。そんなときは「何か不公平に感じることがある？」とたずねてみよう。話し合うことで、ティーンに罪悪感を持たせず、大ごとにせずに行動に制限を設けることができるだろう。

子どもが友人を優先し、拒絶されたように感じるなら、ティーンは同年代と絆を結ぶ必要があることを理解しよう。大人と仲よくすることに意識を向ける時期ではないのだ。だから、親のあなたは、個人的に受け取らない練習をしよう。あなたの感情はあなたの星空の問題であって、子どもの星空ではないからだ。子どもはプログラムされたとおりのことを行っているのに、親が衝突を求めてはいないだろうか。望むような反応を返してくれなかったり、注目してくれなかったりしても、子どもにある程度のプライバシーを持たせ、ひたすら受け入れるように心がけよう。ティーンが親に近づかなくなっても大丈夫だが、だからといって、親が子どもの生活に関心を示さなくてよいわけではない。むしろその逆だ。私がカウンセリングで出会う多くの若者は、親を憎み、親と複雑な関係にある。子どもが親に最も失望するのは、親が子どもの拒絶を「放っておいてほしい」という意味だと解釈したケースだ。子どもがとてつもなく傷つくのは、自分探しをする時期には、「親から関心を持たれ常に必要とされたい」という思いがあるからだ。それが「愛されている」「認められている」と感じる方法なのだ。だから拒絶を「質問しないでほしい」というサインだと解釈してはいけない。

デンマークでは、それほど感情に打撃を与えないちょっとしたことが起きた状況から前進するために「ある言葉」をよく使う。たとえば、子どもの掃除機のかけ方が不十分で、床にほこりが残っている場合。パーティでビールを3杯ではなく4杯飲んだとき。この言葉を使えば、あまり気にしすぎずに、前に進みやすくなる。その言葉とは「pyt〔ピュット〕」で、「気にしない」と翻訳するのが最適だ。子どもやティーンに関しては、すべてに深刻に対応する必要はない。身体のなかにホルモンが渦巻いて、感情が爆発することもあるのだ。時には、肩をすくめて「pyt」とつぶやくだけでいいかもしれない。ちなみに「PYTボタン」のグッズがデンマークの多くのスーパーマーケットで売られていて、多くの家庭や幼稚園や学校で広く使われている。

「pyt」という言葉は、感情を傷つけたり、他者の気持ちを軽視したりするためのものではない。「そんなに悪いことじゃないから、『pyt』と言って流せばいいよ」とか、「傷つくことじゃないから『PYTボタン』を押しておけば？」とうわべだけの話をするのはNGだ。感情は真剣に受け止めるべきだ。ティーンは家族の一員として、そして学校に通いながら、体験したことや感じたことは常に尊重され信じてもらえるという自信を身につけていくべきなのだ。

「pyt」という単語や「PYTボタン」は、子どもやティーンエイジャーが小さな出来事を自分で処理するときのツールとして役に立つ。ちょっとした取るに足らない事柄に対して、「pyt」と言って肩をすくめればいいのだ。課題が期待どおりに進まなかったとき。ニキビが「完璧な」見た目を妨げるとき。声がかすれるときや、体操着を忘れたとき。難しい質問をされたとき、などなど。日常の小さなことについて、感情的にはそれほど影響を受けておらず、ただ気まずい状況から抜け出して前に進みたいときに使える言葉だ。

もちろん、決定は常に個人ベースで行われる。何が「pyt」のカテゴリーに属するかは、他でもないティーン自身が決める。だから、自分以外の誰かに対してこの単語を使ったり、「PYTボタン」を押したりすることはできない。

私は「pyt」を使うのが好きだ。衝突が最小限に抑えられ、人を敬う気持ちが強まり、自分と周囲の幸せに心を向けることができるからだ。最後通告を避けるために、子どもとの距離感にもっと寛容になろう。「pyt」という単語やボタンを使うデンマークの親と教育機関は、「感情を真剣に受け止めること」と「ものごとを手放すこと」の違いを認識している。この言葉を使うときには、親がティーンの星を消してしまわないように、バランスの見きわめが求められる。

第九章　責任をともなう自由
デンマークの飲酒文化

ビールを1、2、3、4杯。9、10、11杯。ウォッカを1杯飲んで、パーティの始まり！　親が最も不安に駆られるのは、ティーンのわが子が飲酒に興味を示しはじめたときだ。あらゆる種類の危険が思い起こされて、親は恐怖で頭がいっぱいになる。


「お酒は絶対に飲んではダメ！」

「お酒は危ない」

「変なことをやらかすに違いない」

「大麻も吸うつもり？」


親は恐ろしい筋書きを次々と例に挙げるが、子どもはこう答える。

「大丈夫だよ、ママ。酔っぱらいたいんじゃない。味見をしてみたいだけ。自分でちゃんとやるから、心配しないで」

安心させる言葉どおりにふるまえるティーンはまずいない。だからこそ、親の言葉に不信感が潜んでいることに反抗的な態度を示すのだ。あなたは自分の不安と恐怖を子どもに背負わせてしまう。これが親子関係の悪化の始まりだ。親の心配が子どもの重荷になるのだ。

実際に、未成年者の飲酒は、傷害、性的暴行、望まない妊娠、アルコールの過剰摂取、死亡など、さまざまな深刻な結果の要因となっている。悲しい事実として、アルコール摂取が20以上の病気や怪我の原因になっているのだ。デンマークでは毎月1人のティーンがアルコールが原因で死亡しているが、残念ながらこれは私たちの国に限ったことではない。何よりも、アルコールは脳の前頭葉の発達に影響を与える。前頭葉は成長の途中にあり、20代前半になるまで完成しない。前頭葉は、社会的能力、リスク評価、衝動の制御をつかさどっている。アルコールの最初の影響のひとつが、脳のこの部位を麻痺させることだ。ただでさえ十分に発達していないリスク評価や衝動の制御、社会的能力が低下するために、夜の道路の真ん中を歩いたり、事故で溺れたり、線路上で居眠りしたりと、何らかの危険を引き起こす可能性がある。だから、ティーンのわが子がパーティ込みの新しい世界へと踏み出すにあたって、親が心配するのは当然のことだ。ただしパニックに陥る必要はない。

> 責任をともなう自由：自由と安全と機会を享受するには、自分の行動に責任を持たなければならない。すべての民主主義は個人の責任から始まる。

酒飲みの国

デンマークでは多くの人にとって飲酒は当然のことであり、週末や休暇やパーティなどの社会生活でも多くなされている。このことは、トマス・ヴィンターベア監督の映画『アナザーラウンド』でも描かれている。2020年のアカデミー賞でデンマークに外国語映画賞をもたらした作品だ。人間は血液アルコール濃度が0・05％少ない状態で生まれてくるという仮説を検証しようとする4人の高校教師の物語で、飲酒にまつわるデンマーク人の喜びと悲しみについての心揺さぶる洞察がなされている。

デンマークの夏のお祭りに参加してみてほしい。音楽も重要だが、さらに重要なのが、お酒によって結びついた地域のコミュニティだ。お酒は誕生日や堅信礼、街のパーティ、内輪の保護者会、コンサートやサッカーの試合など、あちこちで提供される。大人も若者も飲む。夜空に月が昇る頃、ティーンが運動場や公園にたむろして、交流したり遊んだりしている姿を目にする。最新のヒット曲に合わせて、彼らが大挙して歌い、笑い、キスしたり、口論したり、踊ったりする姿を見れば、硬い種だった若いハートが生き生きと芽吹いているのがわかる。夏が近づくと、毎年恒例の高校卒業証明書の合格祝いが開催され、白い服を着た生徒たちがカラフルに装飾されたトラックに押し込められて、酔っぱらって幸せそうに家族や学校の友だち全員の家を回る。車ですれ違う人たちは、そんな彼らに、嬉しそうに手を振る。大人たちは若者たちを祝福しながら、若かりし頃の気持ちを思い出す。あの頃は責任から解放されて、最高に幸せだった、と。そう、デンマーク人がお酒に出会う場所は、いたるところで見つけることができる。アルコールを楽しむことは私たちの文化的アイデンティティに欠かせない。デンマークの子どもは、その環境に向き合って育っていく。

正直、私たちが心配しているのは、「お酒を楽しむこと」ではない。抽象的なレベルの知見としてはそうかもしれないが、自分たちの習慣を見ればそうではないことがわかる。内心私たちは誰でも、持ち前の少し控えめな態度で人と交流するのは難しいと知っている。アルコールの助けがあれば、警戒が緩み、「素の自分」を出しやすくなる。お酒が必要なのは、心を開いてリラックスするため。私たちの祖先であるバイキングの時代までさかのぼってみても、飲酒は文化だった。

このように、お酒は私たちのあらゆる行動に深く組み込まれているが、それはデンマークだけの話ではない。15歳以上の世界人口の1人あたりのアルコール総消費量は、2005年の純アルコール5・5ℓから2016年には6・4ℓまで増加し、それ以来ほぼ変わっていない。世界保健機関の管轄内の地域で、人口の半数以上がアルコールを消費している地域は3つある。ヨーロッパ、南北アメリカと西太平洋地域だ。また中国でも飲酒者の数が増えている。

飲酒に関する事実とデータ

2019年に15歳以上のデンマーク人が平均9・5ℓのアルコールを購入した。これは9ℓ弱を飲むアメリカ人の数字に近い。アメリカでは、特に女性の間で飲酒への文化的態度の変化があり、ストレスの多い母親たちはワインのことを「ママジュース」と呼び、「ワイン・オクロック（ワインの時間）」だと冗談を言う。イギリス人は平均9・7ℓを消費する。中国では飲酒者数は増加しているにもかかわらず、1人あたりのアルコール総消費量は6・4ℓにとどまっている。トップの座はベラルーシで、総アルコール消費量は14・4ℓだ。世界の成人人口のほぼ半分が非飲酒者であることを考えると、ティーンが多くの場所で飲酒していることに、私たちは驚かされる。

世界のティーンに目を向けると、15〜19歳の4分の1以上が現在飲酒をしていて、その数は1億5500万人にのぼる。男性が過剰に飲酒する地域のリストのトップはヨーロッパ諸国で、まずルクセンブルクが挙げられ、ティーンの少年は1日平均4・4杯を消費している。そこにデンマークが続き、ティーンの少年の飲酒量は3・8杯。上位10か国のうちで飲酒率が最も高く、若者の94%以上がアルコールを消費している。ヨーロッパのなかで唯一トップ10に入っていないのは英領バミューダ諸島で、ここの男性の若者はデンマークと同じ量を消費している。

デンマーク保健医薬品局の2020年の報告書によると、デンマークのティーンの飲酒量は数年前に比べて減少しており、前の世代よりも飲酒を始めるのが遅いが、それでも飲酒量が多い。

大量のアルコール摂取によって、ティーンが学習や教育に問題を抱え、自分では解決できない重度の依存症を発症するリスクが高まることは、疑いの余地がない。デンマーク薬物乱用センターによると、デンマークのティーンの3・8%がカウンセリングや治療が必要なほど大量に飲酒していたそうだ。この事実を知ると、デンマークの飲酒文化が何らかの形で他の国の模範となり得ると主張するのは難しい。ビンジ・ドリンキング〔短時間での大量の飲酒〕、酔っぱらい、アルコール消費のレベルを考慮すると、デンマーク人の若者のアルコール消費量は他のヨーロッパ諸国の若者と比べてどこよりも高い。

ビンジ・ドリンキングは、「単独の機会に〔男性は〕5杯以上〔女性は4杯以上〕のお酒を摂取すること」と定義されており、アルコール関連疾患や早期死亡のリスクを増加させる。

デンマークに限らず、あらゆる国で、飲酒がティーンの生活において重要な役割を果たしているのは明らかだ。15～25歳のデンマーク人の最大86％が、お酒を飲むのは楽しいからだと回答し、38％は疎外感を避けるために飲酒している。ほぼ54％が、「いらない」と言ったにもかかわらず、友人からお酒をすすめられた経験がある。

アルコール摂取の将来のトレンドを決定する要素はたくさんある。重要となるのが、生活条件、習慣、利用可能な時間、余暇活動、家族のバックグラウンド、友人、アルコール消費パターンだ。また、住んでいる地域の公式のアルコール規制、経済的要因や〔ソーシャル〕メディアや広告も大きく関連する。また、アルコール消費量の減少分が大麻に取って代わられるかどうかについての懸念もある。大麻を使用する若者のほとんどはアルコールも摂取しており、通常、薬物は飲酒と同時に使用される。ただし、今日のほとんどの人にとって大麻は特別なものと認識されておらず、大麻に対する態度は比較的寛容であるにもかかわらず、ティーンの大麻使用は増加していない。

薬物

デンマークのティーンはよく飲酒をするが、他の国では飲酒は多かれ少なかれ禁止されている。禁止されないとしても、有害だと見なされると、それに代わる手段が現れて定着していく。

マリファナは、アメリカでタバコとアルコールに次いで最も一般的に使用されている依存性薬物だ。歴史的にティーンの使用量が多いことで知られており、１１８０万人以上が使っている。10年生の28・８%がマリファナの経験があるという。これに対し、２０２０年のモニタリング・ザ・フューチャー（ＭＴＦ）調査によると、12年生ではその割合は35・７%だった。イギリスでは16〜24歳の18・７%がマリファナを使用しているが、デンマークでは15〜25歳の２%だ。アメリカでは、いくつかの州でマリファナが完全に合法化されている。10代の若者がジョイントを口にくわえて歩き回っていたり、朝一番や一日中、通りに特有の臭いが漂っていたりするのは、まったく普通のことだ。薬物とアルコールの使用に関するこれらの数字と傾向を対比するのは理にかなっている。

私はこの分野の専門家ではないので、デンマークの若者の飲酒量についてしか伝えることができない。しかし、若者の健康と福祉の表示方法には、多少の不一致がある。デンマーク医薬品庁によると、デンマークでは、消費者としてマリファナ（CBD）を購入・所持することは合法だが、小売業者としてマリファナを販売することは違法だ。医師が処方し、薬局に製品を届ければ、デンマークで医療用大麻を合法的に入手できる。そうでなければ違法だ。デンマークのティーンがお酒を買うのと同じように、ごく簡単にマリファナを入手することができる国もあるようだが、これは非常に興味深い。善悪の価値観が異なるということだ。

私は麻薬に手を出したことがなく、麻薬に対して寛大ではない。あらゆる形態の麻薬に反対しているし、私には受け入れられない。正直に言うと、薬物が怖いので、反対したい気持ちが自然にわき上がってくる。私は他者の痛みを骨身で感じるので、魂が傷ついていると思ったら、その人から本能的にすべての苦しみを取り除こうとする性分だ。これは才能であると同時に重荷でもあるのだが、薬物の問題は私のなかの聖なるマザー・テレサを目覚めさせるのだ。薬物を摂取する人全員が傷ついた魂を持っているというわけではないが、私は仕事を通じてこの問題に取り組んできた。長年の精神医学での仕事と、崩壊した家族や個人との関わりから、薬物が深刻で壊滅的な結果を引き起こすことを学んだ。薬物はあらゆることを曇らせる。私は魂の最も暗い奥底を覗くことになり、その世界を見せてくれた人に寄り添い、手に手を取って一緒に歩いた。彼らは苦しい経験をしたときに麻薬中毒になっていた。私は彼らの痛みを受け入れ、「もっとよい場所に向かう旅の途中にいるのはあなたひとりではない」と安心させた。しかし、私は苦しみを家に持ち帰ることはできない。家は私の聖域だ。ひどすぎる痛みから自分を切り離す必要がある。私生活でその重みに引きずられすぎずに、自分の仕事の複雑さや暗さを受け入れるためには、こうするしか方法がない。

娘たちも、薬物は容認できないと知っている。どんな結果を生むのかを理解しており、父親と私に全幅の信頼を寄せているので、親と同様に薬物に関心を示さない。使っている知り合いはいるはずだが、常用する人とは物理的に距離を置くだろう。お酒は許しても薬物に関しては非常に厳しい私は、二面性を持っているのかもしれない。アルコール摂取に関しては、バランスや自分の限界を見つければいいと考えている。一方で、薬物の常用が依存症につながりやすいのを、仕事を通じて実感している。

ティーンの子育てにあたって、薬物とお酒は心配の種だ。負のスパイラルに引きつけられるティーンを止められない苦痛と無力感に耐えるのは、つらい経験になるだろう。すべての親は、たとえそれが悲しみや眠れない夜を引き起こすとしても、必要があればいつでもティーンのわが子をサポートしたいと考えているものだ。もしもティーンのわが子が薬物やアルコールの依存症になったとしても、それは必ずしも、親であるあなたの「シャドウ〔闇〕」や、消えてしまった星や、子ども時代のトラウマが原因ではないことは強調しておきたい。誰のせいでもなく、たまたまそうなる場合もあるので、専門家の助けを求めることが必要だと覚えておこう。

周囲の環境が「基準」を作る

飲酒文化についての期待や受容が、ティーンが飲酒を生活に取り込む際に非常に重要になる。規範を作るのは親だけではない。社会によっても作られる。あなたが暮らす環境が、わが子の生活の枠組みを形成する。だから、お酒の入手のしやすさや、購入や消費が合法になる年齢など、暮らしている地域の文化に責任がともなうのだ。

私は娘たちと、お酒の適切な飲み方についてしょっちゅう話題にしていて、一緒にお酒を買うこともある。娘たちが友だちと夜の飲み会をするときに、私のほうでできる限りの準備をするのが、親としての責任だからだ。早い時期に社会がアルコールを合法化し、どこのスーパーでも入手できるため、親がティーンの飲酒デビューを延期しようとするのは、分が悪い試みである。家庭内で、どのように行動するか、何が許容されるかそうでないかを設定する責任があるように、社会にも同様の責任がある——もっと大きな規模で。デンマークでは、保健当局がアルコールの推奨を厳格化し、以前は飲酒が奨励されない年齢は16歳までだったが、現在は18歳までに引き上げられている〔デンマークでは飲酒可能年齢に関する取り決めがない。「16歳」以上でアルコール度数16・5％未満の酒類を購入できる）。これは非常に前向きな取り組みだ。

幸いなことに、成長の途中にあるティーンの飲酒文化を遅らせるために多大な努力をする機関や団体が増えている。娘たちが14歳くらいのとき、娘の学校が保護者全員をクラス会に招いて、飲酒を禁じる方針を発表した。学校側は、アルコールが引き起こす問題を経験から知っていたので、深刻な問題が起こる前に、親が先頭に立って子どもと話し合う準備をしてほしいと考えたのだ。親とティーンが基準とするガイドライン作りに保護者が協力し、ティーンの飲酒の開始を先延ばしにして、クラスにノンアルコールのコミュニティを作るのが目的だった。すでに週末に飲酒を始めている生徒もいる一方で、まだかなり先という生徒もいたので、この取り組みは歓迎された。ルールやヒントやコツはガイドラインにすぎないが、重要で素晴らしい試みだった。従う人もいたし、従わない人もいた。デンマークの高校と大学、その他の教育機関では、学校のパーティでの飲酒が許可されている（中学校では禁止）。酔っぱらいすぎた場合は、親に電話があり、家に帰されるが、ほどほどであれば許容される。長年にわたってこの文化が続いてきたのだが、近年、アルコールフリーのイベントやパーティを提供する場所が増えている。

私が子どもの頃、家族のなかでお酒がコミュニティや「ヒュッゲ」の中心を占めていたことはなかった。大人たちは週末のディナーの前にカクテルを楽しみ、食事と一緒に美味しいワインをグラスに1杯だけ飲んでいた。酔っぱらったりすることはなく、キッチンでこしらえた料理と共に適量のお酒を楽しんでいた。上質な素材を使った美味しい料理と家族の存在が、常に優先事項だった。私はこうした家族の集まりが大好きだった。ただし、ティーンだった1980年代後半には、お酒を飲みながらのパーティが多かった。海の近くに住んでいたので、地元の若者たちは週末になるとビーチに集まり、友だちとパーティをしてほろ酔いになっており、私も例外ではなかった。ある日の晩、男の子に、髪にビールをかけられた。おそらく気を引こうとして間違った方法を取ってしまったのだが、髪がひどい状態になったので、明かりの消えたビーチの洗面台を使って髪をすすぐことにした。翌朝目を覚ました私は、嫌な臭いがするので、なんだろうと思った。そして、昨晩自分の髪を嘔吐物《おうとぶつ》が詰まったシンクですすいでしまったのだとわかった。

母を家から閉め出してしまった夜のことも忘れられない。友だちと楽しく過ごし、酔っぱらっていたので、母が迎えに来てくれた。ところが、母は近所の家族ぐるみの友人まで連れてきていたので、私はとても腹が立ち、家まで走って帰って、そのまま二階に上がって倒れ込むように寝てしまった。その後、母親が私を呼ぶ声が玄関の外から聞こえてきたことにふと気づいて、目を覚ましたのだ。こうした恥ずかしい瞬間は、私の青春時代のささやかな反抗として、後に笑いの種になった。

娘たちもさまざまな選択をしながら、楽しい思い出はもちろん、恥ずかしい思い出も数々作っていることだろう。娘が友人たちとしていることで、私がとても喜んでいるのは、パーティで必ずダンスをすることだ。それは「フロア」と呼ばれていて、男の子も女の子も、飛び跳ねたり、エアギターを弾いたり、はちゃめちゃでクールな動きをしたりしてたっぷりと時間を過ごしている。見栄えや完璧さを求めるのではなく、酔っているかどうかは関係なく、ひたすら一緒に楽しんでいる。そう、アルコールがなくても、思い出は確実に存在する。思い出は、ティーン時代に友人と物理的に一緒にいることで作られるのだ。私は間違いもやらかしたが、そのおかげで、バランスの取り方やお酒との健康的な付き合い方を学んだと思っている。お酒があっても構わないが、それが優先されることはない。

変わりゆく文化

デンマークのティーンがよくお酒を飲むことは否定できない。「そうではない」とあなたを説得しようという気にもならない。ただし近年は、アルコールの勧めを断っても大丈夫、という理解と受け入れが広がりつつある。ノンアルコールビールが増えてきていて、少数派が、ゆっくりとだが多数派になりはじめている――少なくとも、私はそう望んでいる。数年前にはノンアルコールビールはどこにも見当たらなかったが、今ではあらゆる店やレストランやバーに、さまざまなフレーバーやサイズで置かれている。今の若者は、情報量が多く、私生活でもキャリア面でも成功するために目的を持って努力するので、健康なほうの道を意識的に選択するからだ。今では、酔っぱらいすぎると孤立を招くという認識があるようにさえ感じられる。飲まない人がコミュニティから排除されるのではなく、反対に、深酒する人が排除される傾向が強まっている。

次女のジュリーは、酔うことに魅力をまったく感じていない。何杯か飲んだことはあっても、基本的には、お酒なしで十分楽しめると考えている。自信に満ち社交能力が高い彼女は、完全に飲まないのではなく、ほとんどの場合は、しらふかほろ酔い程度をキープしている。飲まなくても、娘がパーティにたくさん参加していることは、誰もが知っている。意志を持って堅実な選択をするのは、強くて勇気があることだと思う。仲間からの圧力に屈するのではなく、意識的に自分で決断しているからだ。これはひとつの手本であり、ノンアルコール主義という「星」の輝きを保つことでもある。私は時々ワインやシャンパンをグラスに1杯飲む程度だが、長女のアイダは友だちと同じように飲み、時々無責任な行動をしたり、飲みすぎたりする。夫は平均的な量のビールを飲み、時々週末に友人たちとくり出して、かなりの量を飲んでいる。

私たちは、ほぼ成人した子どもを2人持つごく普通の家族を代表していると思う。

北欧の研究から、ティーンのアルコール摂取が減少している背後にある重要な要因が、統計的に裏づけられていることが判明した。ひとつは、現代の親がティーンエイジャーのわが子の居場所をよく把握し、生活のなかで起きる出来事をコントロールしやすい傾向にあるということ。飲酒に関して、昔よりも透明性の高い規則を定めているのだ。もちろん、ティーンのわが子の人生に対するエネルギーや洞察力をそれほど持たない親もいる。それでも一般的には、この理論が支持できるほど、ティーンのわが子への注目が高まっているのだ。もうひとつは、現代のティーンがデジタル画面の前で多くの時間を費やしていること。この分野の研究はわずかしかないため、これがティーンの飲酒量を減らす効果につながったとは断言できない。しかし、私はこれまでの仕事を通じて、ギャンブル依存症になった多くの青少年は社交的になるのが難しく、そのため徐々に行動を変え、最終的には人と関わらなくなるのを見てきた。少なくとも、ゲームの依存症ではそうなってしまう。

酒に酔うことが、子どもから大人への通過儀礼としての機能を徐々に失っていき、パラダイムシフトが起きているのかもしれない。飲酒を拒否するティーンが増え、代わりにライフスタイルやジェンダーや民族の多様性のほうに重きを置くようになったのだ。その上、学校や教育に重きを置き、人生で幸せになり成功することを大切にする若者が多くなった。よい成績を収めて親密で有意義な友情を築きたいと考え、飲酒と喫煙を減らそうとするのだ。

わが家では「日常生活のなかで親密な人間関係を築き、上手にコミュニケーションを取る方法を習得しなさい」と常に子どもたちに教えてきた。それは、ウォッカのボトルを半分空けたときにつながり合える関係ではない。自分をしっかり見つめて、しらふで集うことを大切にし、楽しみながら、アルコールなしでお祭り気分の時間を過ごすことが大切なのだ。それは私が成長する子どもたちを見守りながら、目標としてきたことだ。娘たちがお酒を飲みはじめたとき、仲間との関係性に自信を持つためではなく、人生の新たなページを発見するためなのだとわかっていた。自分の空に新たな星をいくつも輝かせようとしているのだと。わが子は聖人ではない。パーティで酔っぱらうこともある。しかし、アルコールを一切飲まなくてもまったく同じことができる。そのことを、私は誇りに思っている。

妥協点を見つける

アルコールやその他の誘惑は、ティーンがいる家庭にとっては常にある心配ごとだ。しかし、恐れるのではなく楽しみにする時期だと考えよう。私自身、子どもたちが小さかった頃から、すでに思春期とその後の反抗期に恐怖を感じていた。幸いなことに、私が窓の外をにらみながら思いを吐き出すと、賢明な上司が「むしろ今は喜ぶべき楽しい時間」だとアドバイスをくれた。この言葉が私の考え方のすべてを変えた。私は、この時期にものの見方を変えることの大切さを学んだ。自分とティーンのわが子の人生に、美しい展開が訪れるのだと。これまで人生の在り方を子どもたちに示してきたのだから、自己への理解を深めて安全で安心な環境のなかで自分らしく成長するわが子を見守っていけばいい。以来、「むしろ今は喜ぶべき楽しい時間」が私のマントラになっている。

「信頼」は、「親密で良好な関係」と共に、私にとってのキーワードだ。最後通告はNG。何が大切かと言われれば、私はいつもこの2つを強調する。親であるあなたの空がきらめく星で満たされていれば、思春期に入るわが子に重要な基盤を与えやすくなる。ティーンのわが子が約束より1時間遅れて帰宅し、あなたが怒ったり、責めたり、叱ったりすると想像してみてほしい。もちろん、取り決めた約束ごとの枠組みを見直す必要があるかもしれない。それでも、子どもが意図的にそのような行動を取ったのではない、と自分に言い聞かせるのがいいだろう。最悪の罪は時間切れになったことであり、子どもは愉快に過ごしていて、その楽しみから離れたくなかったのだ。重要なポイントは、飲酒と遊び心にどう対処するかについての合意を、責任を持って共同で行うことだ。その際には、親であるあなたも、ティーンの子どもも、どこかで妥協しなければならない。

ティーンのわが子が、親であるあなたを脅したり傷つけたりするために意図的に何かをすることはめったになくても、親が勝手に決めたルールに異議を唱えることはあるだろう。一緒に決めた合意のことであれば、まったく違った展開になるはずだ。大切なのは、意思決定に子どもを巻き込み、意見を聞き合って互いが納得できる妥協点を見つけることだ。親であるあなたは、消えてしまった自分の星がうずかないように気をつければ、最後通告を口に出すのを防止できる。「ティーンのわが子がもっと輝くように磨いてあげよう」という気持ちで接しよう。子どもは気分がよくなり、あなたに協力したいと思うようになる。どちらも満足できるのだ。

ティーンを巻き込んで、親子が納得できるルール作りをしよう。子どもがうっかり失敗したときは、優しく理解を示そう。次回どうすればもっとうまくいくかについて良質な対話をすることができ、失敗した価値があったと感じることができる。心に留めておくべきなのは、ティーンの脳がまだ発達途中であり、最善を尽くしたとしても、親の目には十分には見えない可能性があることだ。子どもを信頼していること、子どもの見解を理解していること、子どもと共有している敬意と信頼を愛していることを、直接伝えよう。

私はデンマークが、世界有数の飲酒大国というだけではなく、別の分野でも世界をけん引する国になってほしいと思っている。この国が、世界で最も幸せな国のひとつであることを誇りに思うし、飲酒をテーマにした映画でオスカーを受賞したことは間違いなく素晴らしいことだ。「幸せな国」と「飲酒大国」というこの2つの特徴には「ずれ」があるため、だからこそ、若者の間で飲酒についてのトレンドが逆転していることを嬉しく思う。アルコール摂取が、すべての人の健康のためになる方向に落ち着くことを願っている。この変化のために、世界規模で団結して声を上げることが大切だ。

第十章　共感力
最大の恐怖は拒絶ではなく、「透明人間」になること

思春期の子どもと一緒に過ごしていて、私が驚いたのは、子どもが親離れをして人格が成長するにつれ、親としてのアイデンティティを再定義しなければならなくなったことだ。それまで私は、「出産してわが子を腕に抱いた瞬間に、暗黙のうちに母親になった」というイメージを持っていた。それが、私が命を終えるまで持ち続けることができる固定されたアイデンティティの名称だと。私が間違っていた。というのも、自分が母親として実践してきたほぼすべてのこと——そばにいること、ボディタッチ、おむつトレーニング、あらゆる話をすること、一緒に料理を作ること、夜の決まった過ごし方、争いごとの対処、泣いたり笑ったり——に、もはや価値がないように感じられたのだ。これまで17年、18年、19年、20年の間、娘たちに良質で健全な子ども時代を当然のように与えてきたのに、何の手柄も手に入らない。私は、自己憐《れん》憫《びん》の罠にはまってしまった。母親である自分を「透明人間」と見なすなんて、耐えられない。

私のアイデンティティであり、私の心であり、私の人生なのに！　ハイティーンの親になり、子どもたちが巣立とうとしている。そのことが恐ろしく感じられた。

> 「共感」は他者とのつながりを促進する。共感性は、愛着する人物との関係を通じて幼児期に発達する。自分の感情にオープンであればあるほど、感情を読み取ることが上手になる。

親の役割を再定義する必要がある――これは新しい気づきだった。立ち泳ぎをするような気分で、「だとしたら、何が残るのだろう？」と考えた。思春期の最後の数年間は、それまで何年も実践してきたことの単なるコピー・ペーストであり、新しいスキルや啓示は求められないと思っていたのだ。でも、そうではなかった。ゲームのルールは誰にも教えてもらえないまま変更された。娘たちに「今日はどうだった？」と声をかけても、一音節の単語が返ってくるだけで、対話をする気がないのが見て取れた。かつては、娘たちから注目され必要とされていたのに、急に距離ができて接触がなくなったように感じられ、暗中模索が始まった。あの子たちに何が起こっているの？　どうして私を拒否するの？　深刻な悩みがあって、私に迷惑をかけたくないの？　思考の中心が、娘たちのことと、変化の原因を探ることになってしまった。

「……私のせいなの？」

同じだけど違う

こういった疑問を抱え、以前と同じように必要とされないことに苦しんでいる親はたくさんいる。「透明人間」であることを気にせず、わが子の言動を個人攻撃だと受け取らないための葛藤が、絶え間なく続く。合理的な考えやこの世代についての知識は後回しになり、悲しみや欲求不満や不安など、多くの感情が顔を出す。子どもにないがしろにされ、心に留めてもらえないと早とちりして、傷つき、苦痛を感じる。

私の場合、この経験が、「新たに自己チェックを行う時期」だと教えてくれた。そして、自分の星空を再び拡大鏡で調べてみると、母親と深い対話をすることが距離の近さと一体感に紐《ひも》づいていることがわかった。先にも書いたように、私がティーンの頃に、母がそうやって絆を作っていたのだ。私は、娘たちに対して同じパターンをくり返しているかもしれないことに気づいた。無意識のうちに、近い距離で信頼できるコミュニケーションを取ることを要求し、それが娘たちが親密にそばにいることの証拠だと考えていたのだ。自分を見つめ直し、思春期という新たな時期のアプローチについて学ぶにつれて、きちんとできなければ、わが子が自分の手からすり抜けてしまうという恐怖が、頭のなかを支配していった。何度も、こんな言葉が頭に浮かんだ。

「親であることの前提が、以前とは違うことを受け入れるのが大切だ」

私が掘り下げなければならなかったのは、母親としていかにふるまうかだった。子どもたちには幼い頃と同じことが期待できると思っていたが、自分が全力を注いだ時間に葛藤しながら別れを告げなければならない。自分の役割を定義し直そう。娘たちだけではなく、私も変化するのだ。もちろん、私はこれからも娘の母親であり続ける。でも今はもう、子どもが離れていくことやプライバシーを必要としていること、それを受け入れることに重点を置くことが求められていた。

自分の存在が友人や若い恋人に取って代わられ、突然の虚《むな》しさと悲しみに襲われ、その感情に対処するために、苦々しい態度を取ったり、非難めいた母親になったりせずにはいられなかった。最善の方法で進める道を探しながらも、心の混乱を払拭することはできなかった。これまで積み上げてきたものが通用しないのなら、何が残るのだろう？　娘たちは私に頼り、毎日親密な時間を私と共有したのに、それが途切れ途切れとなり、娘たちの情報が少ししか手に入らなくなった。それもまた自然な成長の一部なので、娘たちは何も悪くない。私は、自分に効果のある新しい戦略を探さなければならなかったが、どこにも助けは見つからなかった。私は自分の疑問を自分にぶつけることにした。

「私は何者なのか？」
「私はどこで間違ったのか？」
「私がやりすぎたせいで、娘たちは私から距離を置くようになった？」

しかし、求める答えはこういった質問から見つけることができず、私は自分を疑うようになった。ゲームの新しいルールを解釈する必要があった。でも、どこで見つけられるのかが、さっぱりわからなかった。

プライドと誇り

私はまず現実的になって、自分で筋道を立ててみた。しばらくの間は必要とされない――でも、あの子たちはいつか戻ってくる。今は、羽ばたいて自分探しをする時期であり、解放されるべきなのだ。娘たちは幼い頃と同じように私を必要としているが、その方法が新しくなっただけ。このことに気づくとすぐに、恐怖が消え、喜びと誇りと自信が輝く光となって心にあふれてくるのがわかった。ティーンは、いわば壁にかけた新しいキャンバスだ。好奇心と称賛を持って、解釈し分析してあげればいいのだ。同じことは、親としてのアイデンティティにも言える。大半がそのまま残りつつも、さらに多くの色がキャンバスの上に重ねられてゆく。ティーンが安全だと感じるために重要な前提条件は、ルールがはっきりしていることと、そこに住まうための定められた枠組みとルーチンであり、それは親のあなたが満たしてあげることができる。そうすれば、家が安全な場所であり、信頼できる大人が子どもの空の星を目いっぱい輝かせてくれるという安心感が生まれる。それが私の手がかりだった。

関係性に焦点を当てることが私にとって最優先事項だ。これまでもそうしてきた。どうして忘れていたのだろう？ それは、関係性が変化して、もはや以前と同じではなくなったからだ。ティーンとの関係は、形を変える必要がある。幼児の経験とは異なるのだ。誰にとってもそうだが、とりわけティーンの時期には平等な関係性が必要だ。真に長続きする敬意に基づいた相互関係を築かなければならない。大人同士が同じ言語を話すときのように。

ティーンのわが子との関係を築き続けることには、常に意味がある。長女は家を離れたが、それでも、人間関係はあらゆる面で本来あるべき形で育まれてゆくべきだ。これが大変難しい。

でも、娘が自主性と好奇心と意欲を持ち、自立して成長するのを見守るという誇らしい思いに、私の胸は高鳴る。娘が「私が私の所有者」である必要性を感じながら、姉妹や両親を人生に取り入れる選択をする。これは「自尊心」という言葉で説明ができないほど素晴らしいことだ。成人した娘には、以前とは異なる態度で接している。敬意を欠くのではなく、大人として扱っているのだ。

世話をする人であり続けながら、危うくなった力関係を理解するためには、親としてのアイデンティティを更新する必要がある。成人した子どもを持つことに、恐れを感じるかもしれない。しかし、これからのあなたは子どものメンター、つまり良き指導者だ。わが子が課題を克服して、自分の足で立ち、世界の至福を経験する際に（真っ先に相談されなくても）、応援する立場にいる。地位が下がったのではなく、親として重要な存在であることは変わらない。子どもと目線が同じであることが大切なのだ。

ホルモンクラッシュ

２０２０年は大変な年だった。新型コロナウイルス感染症が発生して、多くの憂慮を引き起こし、命を奪い、世界中の人々の状況を一変させた。その間、私はこれまでで最も要求の厳しいプロジェクトに取り組んでいた。ヨーロッパの小学校で「共感教育」を実践するための方法論を開発し、完全なツールキット（1冊の本に相当する）を作成し、5日間のワークショップを開催したのだ。すべては半年以内のことだった。頭が変になりそうなほどハードで、しかも完全にひとりでやり遂げたのだ。長女はアフリカに旅立って3か月間ボランティアとして働き、新たな冒険に直面した。家では、下の娘がリモート授業になり、大学生活に苦労していた。

私は真面目な性分なので、もちろんプロジェクトは無事に完了したが、かつて経験したことがないほど疲労してしまった。身体の感覚が鈍くなり、生理が止まり、あらゆる人との関係に疲れ、美しいティーンの娘たちに、エネルギーがゼロの状態で反応していた。最後通告は使わなかったが、そばにいる人たちを傷つけている自分が、悲しくて仕方がなかった。力をふりしぼって「立ち上がる」ことも、前に進むこともできなかった。楽しいと感じられなかった。

そのため、プロジェクトが終わってから数か月間、仕事をしたり新しいプロジェクトを始めたりせずに、数年ぶりに「いったん停止する」許可を自分に与えた。生理が来ない状態が続いていたので、2021年のはじめに、閉経したのかを確認するために婦人科医を訪れた。主治医は即座に、閉経したことを祝福してくれたが、私は大きなショックを受けた。他のことに忙しく、ホットフラッシュもなかったので、まさかそんなことになっていたとは思わなかったのだ。それでも、休もうという決心は、経験したストレスとホルモン変化の結果だと説明できるような気もする。そのせいで、自分をいたわる気持ちが強くなり、思いやりと無条件の愛を持って困難な時期の自分を受け入れていた――そう考えると、納得がいく。娘たちに何かあったときに私が常に与えようとするものを、自分に与えていたのだ。

子どもがティーンの頃に閉経を迎える母親は、私だけではない。正直、だからといって娘たちとの関係が難しくなったわけではない。どちらの娘もひどい反抗はなく、私の「多忙な」時期をよく理解してくれていた。それでも私は、必要なときに娘たちのニーズに応えられなかったことを謝罪したし、誰もが私がエネルギー切れだと知っていた。しかし、更年期障害が理由で、親がティーンのわが子と大きく衝突するケースも多く見られる。思春期と更年期の真っ最中にホルモンにとらわれた親子が、「見守ってほしい、理解してほしい」とスペース争いをしているのだ。

更年期障害の最も一般的な症状は、ホットフラッシュと、睡眠障害、動悸《どうき》だ。更年期障害やホルモンバランスの変化に関連する他の症状として、イライラ、憂鬱、集中力の低下、疲労、頭痛、性欲減退などがある。イライラと疲労と頭痛は、常に境界線を試そうとするティーンとはとりわけ相性が悪く、親が身構えていないと衝突が起きやすい。冷静さを保ちつつ、ベッドの下にある酸っぱい臭いのするティーンエイジャーの靴下や、椅子に置かれたままの汚れた皿、ティーンエイジャーの小さな部屋に広がるよどんだ汗の臭いに対処するのは、かなり大変だ。

「今すぐ掃除しなさい！　そうしないと、今夜のパーティに行くのは許しません」
「ママは今日は忙しかったので、あなたがベッドでゴロゴロしているのを見るのが耐えられない。アルバイトをしなさい。そうしないとお小遣いがないわよ」

そんな最後通告をしたくなるが、これは愚かな発言だ。というのも、「その後」が大変になるからだ。親が、生理的に避けられない何かにとらわれて正気を失ったために、子どもが家から追い出される？　いいえ、そっちの方向に行ってはいけない。2つのホルモン爆弾が同時に爆発しているという偶然を、胸を張って取り組むべき課題として受け止めるしかないのだ。ティーンの子どもとの関係がそれなりに安定しているとしたら、互いの意見に耳を傾け、最後通告をしょっちゅう投げつけないように気をつければ、何も恐れなくても大丈夫だ。

世界を見にゆく

子どもは、自分で選択して自分で間違いをする大人になる。そして、自分の選択が受け入れられたとき、特にそれが親の意図したものと異なるときに、親からの大きな信頼を感じる。大人になりかけているティーンは今、これを実践で学んでいる最中であり、スペースと自由を必要としている。そんなハイティーンの若者に親がどうアプローチするかについては、さまざまなやり方がある。成人した子どもと毎日何度も電話で話す人もいれば、もっと頻度が少ない人もいる。よかれと思って、成人した子どもにはプラスにならないのに、日々の家事分担を肩代わりしてしまう親もいる。子どもの言うことに耳を貸さずに「ダメ」と言って、自立を示そうとする試みをくつがえす人もいる。それぞれ独自のやり方があるものなので、私にはどれが最も効果的だと言う権利はない。あなたの人となりと、守っている規範と伝統が、すべての判断基準になる。大切なのは、それをどのように取り入れて組み立てるかは、思春期の子どもが選択するということだ。

あなたは、他人の選択に責任を負うことができるだろうか？　そんなことができる人は多くない。しかし、ティーンのわが子が親から独立して自己管理することを学ばなければ、そうなってしまう。ティーンや成人した子どもが、親に支配されるあやつり人形であってはならない。親が望む方向に誘導されるのではなく、自分の足で立つべきなのだ。親はわが子に、「自分の人生と幸福に責任が持てる、たくましい人物になってほしい」と願うものだ。そのうえであなたは、陰で支える重要な人物であり続けることを覚えておこう。

家族と過ごす時間や電話の頻度を、子どもに任せるようにしてみよう。私も友人の大半もこの方法を好んでいる。子どもにプランや議題を設定させよう。子どもに「人生の責任は自分にあり、親はいつも助けてくれるわけではない」と感じてもらおう。いつか家を出て日常生活を営むことを、ティーンは学ばなければならないからだ。必要に応じて常に親のサポートが得られると知ることで、思春期を乗り越える大きな自信が得られる。子どもの先導でうまくいくリズムが見つかったら、いつ子どもが親と連絡を取るかは、周囲の期待や罪悪感によって決めるのではなく、本人の気持ちに任せよう。それが私にとって最善であり、離れて暮らす長女のアイダにとっても最善なのだ。私からはしょっちゅう娘をわずらわせることなく、娘のほうから週に何度か連絡をくれて、時々たずねてきてくれる。自分に必要なものに気づいて選ぶのは、私たち親ではなく彼女だ。これは素晴らしい恵みだと思う。

星を再び輝かせる

親と、家を離れるティーンとの分離が順調に進むと、関係に混乱は生じない。つながりが良好であれば、望ましい形で移行できる。この機会に、思い切って自分の星空を眺めてみるといいだろう。あなたの心の傷をうずかせる星は、いくつあるだろう?

親自身が、抱えた傷やシャドウ〔闇〕を次の世代に持ち込む可能性がある。そう理解できたことが、私にとって、子どもを育てる意識における重要な突破口になった。親が自分の傷を正しく認識していなければ、その傷をティーンのわが子に押しつけてしまうかもしれない。自分の傷を認めることは、つらくもあり、掘り下げるのが難しい場合もあるので、多くの人にとってはやらないほうが楽だ。しかし、これを上手に行うことで、ストレスに対処しやすくなり、必要なときに立ち直りやすくなる。星のわずかなかけらをつかみ取ることが一歩前進であり、やってみれば、想像ほど恐ろしくはなかったとわかるだろう。それは、あなたとティーンのわが子に変化をもたらす癒やしのプロセスなのだ。

私は長い間、自分の空から消えてしまった星の捜索に取り組んでいる。今でも、自分が意識を向けるべき小さなかけらが続々と見つかっていて、見つけるたびに、自分自身と抱え込んでいることについての考えが深まる。何よりも、娘が親に受け入れられているという感覚が得られるため、私のなかのバランスが整うように思う。このように自分を見つめ直す時間を作ると、素晴らしいエネルギーが得られ、ティーンの子育てに、もっと気楽にスタートが切れる。あなたが手に入れる人生は、あなた自身が創り出すものだ。子どもが家を離れる前に、意見の相違があれば、確実に解決しておくことで、今後も持続可能な関係を築く条件が整いやすくなる。そうでなければ、常にわだかまりが残り続けるだろう。あなたの子どもは、巣立ったからといって消え去りはしない。人生は一瞬で変わる可能性がある。でも、わざわざ先回りして恐れる必要があるだろうか？　私は、自分が無力だと無意識のうちに信じていた。しかし、意識的に新たな一歩を踏み出すことで、「さよなら」の時期への自然な移行に力をもらえるように感じている。

私は「透明人間」ではないし、不安な気持ちに襲われて支配されたくない。今では、娘たちが巣から飛び立とうとしているとき、なぜ心がざわつくのかがわからなかったことに感謝している。常に親としての絶対的なアイデンティティを持ち続けるとしても、それまでの自分には気づけなかった展開があることが、理解できたからだ。親離れの時期に、思春期の子どもがありのままでいられるためには、そしてあなた自身がありのままでいるためには、新しい考え方と、自分に対する共感力を高めることが必要だ。幼少期の子育てに使ってきたものを、突然手放さなければならないことを認め、不確実な現実を受け入れるのは、難しいことかもしれない。親であることには変わりがないが、これまで誰からも教えてもらわなかった新しいやり方を使う必要がある。それが、成人した子どもと親密な絆を上手に保ち続けるために、何よりも重要なのだ。ゲームの種類は変わっていない。同じゲームでありながら、手持ちのカードはシャッフルして配り直したものなのだ。

終　章

子育ては「自分を見つめること」

あなたは今、自分の育てられ方に「自由に愛することを妨げるバリケード」があったことに気づいている。それは真実であり、あまりにも明白だ。だから、これを知らないことが悲喜劇となる。前世代からの重い荷物を背負わなければ、どれだけの人が自由に生き、潜在能力を発揮できるかを考えてみてほしい。多くの痛みや憎しみは、発生した場所で解消されていれば、存在しなかったのだ。バリケードは、私たちが「自分という存在を認められ、愛されていると感じられなかったすべての時間」だ。それは、ある領域における過去の未解決の記憶であり、私たちの最も近くにいる人たち（子どもたちも含めて）の世界に投影される。このような無意識のパターンに気づかなければ、子どもの幸福に深刻な影響を与えることになる。

潜在意識は、自分自身について得ることのできる知識、ひいては子育ての仕方や子どもとの関わり方にも大きな意味を持つことに、多くの人は気づいていない。

　自分の意識的な側面だけに関わるほうが、扱いやすく、指摘がしやすいので、楽なのだ。精神における最も重要な活動は、意識の外で行われていることを示す研究があるにもかかわらず、私たちは潜在意識の側面に十分な注意を払っていない。

　潜在意識は常にすべてのことに気づいている。潜在意識で起こっていることのすべてに気づいていない顕在意識とは対照的だ。厳選された情報のみが意識レベルに到達し、一方、潜在意識は部屋の隅にあるビデオカメラとして機能する。それは、好みや分類なしに、起こったすべてを記録し、意識レベルに到達するものの選択がここで行われる。私たちの過去は潜在意識に固定されているため、意識的な思考や行動は、自己全体を構成する感情や記憶の領域に支配されることになる。つまり、私たちは幼少期に経験したことから、よいことも悪いことも、常に強い影響を受ける。そして、意識的であるように見えながらも、明らかに潜在意識に根差した、カモフラージュされた選択を行うことになる。

心が麻痺している

　今の時代、多くの親が、時代遅れで無味乾燥な子育てスタイルを、もっと愛情深く心のこもったものに変えたいと望んでいる。その気持ちの奥にあるのが、何かが最適に機能していないという潜在意識の感覚だ。目に見えず、ずばり特定することができない、微妙な混乱や不満があるため、わが子を思いどおりに育てていく能力に自信が持てず、臆病になる親が非常に多い。そして、自分の外側に答えを探そうとする。


「私はマラソンに挑戦すべきかもしれない。それで気分がよくなるだろう」

「子どものせいで自分が落伍者《らくごしゃ》のような気分になる。そのことをしょっちゅう子どもに伝えている」

「私の仕事が忙しすぎて、家ではいつも喧嘩ばかりしている。最初からやり直すには、景色を変える必要があるように思う」

「自分をよい母親だと思えないときは、自分が嫌いになり、幸せを感じることができなくなる。自分がどれほど不完全で無能であるかを思い出さないように、ＳＮＳをすべて閉鎖したい」


残念ながら、明確にしたり正確に絞り込んだりできないまま抱えている不安は、親自身の自己評価に影響を与え、自分や子どもに高望みをする原因になってしまう。私たちは、目に見えず対処できないものをコントロールしようとするが、子どもは敏感なので、その根底にある親の気持ちを感じ取る。子どもには親の内心が読み取れないと思っていても、実際には気づかれているのだ。それは親の声の調子や、目のちらつき、首の赤い斑点、息切れ、怒り、悲しい目つき、皮肉やあざけりによって表現され、穏やかな心で行動していないことが伝わってしまう。私たちの非言語、または抑圧された潜在意識の言葉によるコミュニケーションは、ある時点で子どもに届く。そこに注意を払うべき問題が潜んでいるのだ。

　現実的ではない高いレベルの完璧主義には、誰も応えられない。応えるべきではないのだ。なぜなら、最善に機能して完璧に生きる心の許容量など、誰ひとり持ち合わせていないからだ。そう理解すべきだし、わかっているのにどうにもできない。作家のジョゼフ・キャンベルはこう書いている。

> **私たちは誰でも人生の意味を求めていると、人は言う。私は、それが本当に求めているものだとは思わない。私たちが求めているのは、生きているという経験であり、純粋に肉体的なレベルでの人生経験が、私たち自身の最も深い存在や現実と共鳴し、生きているという歓喜を実際に感じることができることなのだと思う。**

　私たちは、一時的な満足感のために変わるべきでもない。それは、「ありのままの自分が評価され愛されている」と感じたい無意識の欲求に根差した暗黙の期待であるからだ。機能していないことを変えるには、矢印を自分に向けて内省し、より健全でバランスの取れた形で再び外側に戻す必要がある。点と点を結んで、無意識と意識とをつなぎ合わせる方法を学ぶのだ。すべてをひっくり返してセラピーに取り組む必要はない。ありのままの自分に気づいて、人生に何を抱えてきたのかを知ることが大切だ。実のところ、子どもの頃に要求を100％満たしてもらった人などいない。しかし、私たちは常に過去の記憶を現在と矛盾しないように改変している。この認識はすべての人に当てはまるため、私たちは皆、わが子が親の抱えてきた重荷を背負うことにならないように、ある程度の責任を持って働きかけるべきだ。だからこそ、自己認識がきわめて重要であり、私たち皆が早い段階で理解するべきなのだ。不安や恐れが、夢を実現することへの活力や動機を打ち負かすなら、私たちは苦しく不幸な結末を迎えるだろう。

バトンを渡す

ほとんどの人は、親になる前から、子どもとの生活を思い描き、ある程度の期待を持っている。子どもへの期待の背景にあるのは、幼少期の規範や社会の価値観、たとえば、ハイハイの後に歩く、家庭や幼稚園、学校で指導を受ける、社会的に行動する方法を学ぶ、などである。社会の一員であることは、基本的な期待について学ぶことでもある。これは大人の助けを借りて教えられ、実践されるべきであり、そうでなければ非常に難しくなるだろう。同時に、親の空想や希望に関する期待もある。たとえば、ピンク色の子ども部屋、ゆりかご、愛らしい小さなサッカーボール、子どもと近い距離で絆を育むこと、といったことだ。具体的な行動から得られる期待は、扱いやすく、成功させやすい。

しかし、親の期待の一部は、自身の生い立ちから持ち越した、満たされていない欲求かもしれない。それは私たちを悩ませ、怒りやフラストレーション、憎しみ、嫌悪感、苦しさ、悲しみ、不安など、あらゆる望ましくない感情を呼び起こす。本人は無意識であり、多くの恥ずかしい感情をともなうため、想像するのが非常につらい。しかし認めるかどうかにかかわらず、そういった感情は確かに存在するのだ。

私たちは、このような期待が無意識のうちにわき上がったときに、気づいて認める方法を教えられていないため、感情を閉じることに専念してしまう。そして視界が暗くなり、「誰ともつながることができない」「誰も自分の存在を感じてくれない」となる。内なる深い悲しみの淵《ふち》から、自分にも言い表せない期待のバトンを子どもたちに渡し、破れた夢を叶え、苦痛をもたらした何かを満たすように強制してしまう。子どもに対して「態度が悪い」「間違ったことを言っている」「親を不快にさせる絶望的で無意味な状況を引き起こしている」と非難する。

もちろん、すべて無意識ではあるが、親が期待するようなやり方で子どもがバトンを引き継いでくれない場合、期待に応えられなかったことや、自分が満たされなかった（そして、いまだに達成したいと願っている）ニーズを満たしてくれなかったことを責め、非難するのだ。

プロのダンサーになれなかった母親が、娘に、何がなんでもクラスの主役になるという役割を果たすよう強制する、といった話を聞いたことがないだろうか。あるいは、息子がサッカー場に立つたびに泣いているのに、父親が「本物の男の子はサッカーをするものだ。泣くなんてとんでもない」と怒鳴りつける、といった光景を見たことはないだろうか。イメージをわかりやすく強調するために、典型的な例を挙げてみたが、どんな人にも、違った状況でしょっちゅう似たようなことが起こる。無関係の人はいないのだ。

たとえば私は、最も評判の高い伝統的な3年間の後期中等教育プログラムではなく2年間のプログラムを選択したが、そのプログラムは家族にとって望ましいものではなかった。デンマークにはさまざまな選択肢があり、学校制度が他国とは異なっているのだが、後者は高校と大学の混合に相当する。この経験から、私にとっては、わが子が「正しい」プログラムで勉強することが重要だった。なぜなら、当時の自分にとって、親の期待に応え、家族のなかでいい子だと認めてもらうことが重要であり、私自身の気分がよくなかったからだ。もちろん、両親に悪気があったわけではないのは知っている。私と同じ種類の学校に通っている生徒のことを、少し見下した言い方をするのが、両親が私に気持ちを伝えるやり方だった。

「あの子たちには、3年制学校の生徒と同じような知的洞察力がない」

それは私に向けられた言葉ではなかったが、間接的に私にそう伝えているのがわかった。だから私は自分が足りないように感じていた。これは、私が子どもの頃の経験や満たされなかった要求に根差したほんの一例にすぎないが、私はこの思いを子どもたちに引き継ごうとしていたのだ。傷ついた感情が残っていて、それがわが子を特定の方向に導きたいという思いに、無意識に影響を与えていたということだ。

障壁を打ち破る

こうした無意識のパターンを認識して、子どもと自分自身にどのように利益をもたらすかを探すほうが、はるかに有意義だ。私から見ると、学ぶ機会は山ほどあるし、すべての人が共通認識として持つべき重要な知恵は、数多く存在する。思考を転換し、自分の内面の動きについての対話を始めることが、恥ではなく尊いと考える訓練をしていくことが大切だ。よいことも悪いことも含めて、自分の弱さをもっとさらけ出せば、リラックスして共感できるようになる。ただ生き延びるだけでなく、存分に生きられるのだ。

親になると、子育てを通じて、自分が子どもの頃に歓迎されなかった、または利益を得られなかったために、避けてきた側面に改めて気づかされるだろう。こういった経験は、認識するかしないかに関係なく、最終的に目の前に現れるのだ。子どもは、今を生きることに長《た》けている。将来のことを心配したり、過去にとらわれたりはせずに、ある程度の自由を自分のなかに見つけることができる。私たちが忘れてしまったもの、あるいは縁遠くなってしまったものにアクセスすることができる。たとえば私は、わが子が後期中等教育を選択するまで、卒業するときに心のどこかで恥ずかしいと感じていたことを、思い出しもしなかった。しかし「自然な選択」だと強要することで、わが子を特定の方向へと導こうとしていたことが判明したのだ。私の過去が影響していることであり、理性では望んでいないことだった。私は、可能な限りの最善の反応をするのではなく、自分が本能的にどう感じているかを認めて理解することに最善を尽くした。昔の自分が傷ついた感情のパターンを理解することと、娘たちに母親を失望させたくないという理由からではなく心から選択する余地を与えることは、切り分けて考えるべきなのだ。

残念ながら、親としての無意識の期待から逃れられる人はいない。こうしたプロセスに気づかないうちに、望んでいないのに、前の世代からの古い時代遅れのパターンや個人的な傷を子どもに継承してしまう。しかしそれでは、「子どもが親の望むように行動し、親の昔話や傷を抱え込む場合にだけ、完全に愛される」と教えてしまうことになる。

私は、共感や自己認識といった優しい価値観が教育の一環となり、いつの日か学校制度における この有害な連鎖を断ち切ることができればと強く願っている。幼い頃から、自分が何者であるかを自覚し、学業に熟達するだけでなく、より健全で、より愛に満ちた平和な世界を築くために不可欠な対人スキルを学ぶべきなのだ。

本書を締めくくろうとする今、感謝の気持ちで心が満たされている。ここまで、ティーンとの生活に最善の準備をするための、私の個人的、そして専門的な最高のツールを紹介させてもらってきた。あなたが自分なりのベストを尽くせば、すべてがうまくいくと私は信じている。自分にとって何が一番大切なのか、内心ではわかっているはずだ。まずは行動してみよう！

幼児との生活は大変でストレスが多かったが、素晴らしくもあり、意義深くもあり、楽しくもあった。一方、ティーンとの生活は、自己反省、傷の癒やし、誇りと感謝が入り混じったものだ。子育てに捧げたことすべてが報われる段階なのだ。ハンス・クリスチャン・アンデルセンの堅固なブリキの兵隊のように、田舎道を歩き出す思春期のわが子の姿を、悲しみと称賛の思いを胸に、見つめることができる。誇り高く、まっすぐで、自分に与えられた世界を征服する準備ができているわが子の姿を。

人生は素晴らしい。愛する人とのささやかな時間を大切にしよう。大人になった2人の子どもを持つ私は、わが子の温かい小さな手をほんの数秒でも握ったり、隣に座って身体の変化について説明したりという瞬間を、もう一度経験できるためなら、多くのものを差し出すだろう。時の流れは速く、私たちは慌ただしさのなかで細部を見落としがちだ。わが子への愛以上に大きなものは、この世に存在しない。わが子への愛に身を任せていれば、それは永遠にあなたの星空を輝かせるのを助けてくれるだろう。

www.ibensandahl.com

注釈

私の情報源や参考文献についてもっと詳しく知りたい人は、以下のＵＲＬ等でインスピレーションを得ることができる。

イントロダクション

ＯＥＣＤ（経済協力開発機構）の調査：

ＯＥＣＤの「より良い暮らし指標（Better Life Index）」は、各国の幸福度を測定している（www.OECD.org.）。第1回世界幸福度報告書（https://www.earth.columbia.edu/articles/view/2960）は、２０１２年４月に開催された国連幸福会議のために委託された。世界の幸福の状況を初めて調査した画期的なものとして、国際的な注目を集めた。世界幸福度報告書２０１６は、デンマークが最も幸福な国であることを明らかにした。そして、２０２１年の報告では、デンマークは依然としてトップ３に入っているとしている（https://worldpopulationreview.com/country-rankings/happiest-countries-in-the-world）。

デンマーク人の幸福度が高い遺伝子構成：

https://warwick.ac.uk/fac/soc/economics/research/centres/cage/news/18-07-14-the_danish_happiness_gene/

The Danish Way of Parenting: What the Happiest People in the World Know About Raising Confident,

Capable Kids by Jessica Joelle Alexander and Iben Dissing Sandahl (2014; Piatkus, 2016).
イーベン・ディシング・サンダール、ジェシカ・ジョエル・アレキサンダー『デンマークの親は子どもを褒めない　世界一幸せな国が実践する「折れない」子どもの育て方』鹿田昌美訳、集英社、２０１７年

第一章　ありのままを見る

思春期：
https://www.sundhed.dk/borger/patienthaandbogen/boern/sygdomme/vaekst-og-udvikling/drenge-og-pubertet/
https://www.sundhed.dk/borger/patienthaandbogen/boern/om-boern/pubertet/piger-og-pubertet/

気分の揺れ―脳：
https://www.health.harvard.edu/mind-and-mood/the-adolescent-brain-beyond-raging-hormones
https://www.sciencenewsforstudents.org/article/hormone-affects-how-teens-brains-control-emotions

90秒のルール：
https://care-clinics.com/did-you-know-that-most-emotions-last-90-seconds/

意識的な思考と無意識な思考のパーセンテージ：
http://webhome.auburn.edu/~mitrege/ENGL2210/USNWR-mind.html

1日に6000の思考：
https://www.newsweek.com/humans-6000-thoughts-every-day-1517963
ひとつの思考の区切り方　How to measure a thought：
https://videnskab.dk/krop-sundhed/hvor-mange-tanker-kan-hjernen-taenke-paa-samme-tid
コーネル大学の研究：
https://tlexinstitute.com/how-to-effortlessly-have-more-positive-thoughts/
ネガティブな思考：
https://www.nature.com/articles/s41467-020-17255-9
マーク・トウェイン：
https://en.wikipedia.org/wiki/Mark_Twain
「闘う、逃げる、固まる」は自動的な生理反応：
https://en.wikipedia.org/wiki/Fight-or-flight_response

「媚びる」という反応：
https://www.psychologytoday.com/us/blog/addiction-and-recovery/202008/understanding-fight-flight-freeze-and-the-fawn-response

第二章　リフレーミング（視点を変える）

デビー・フォード：
The Shadow Effect by Deepak Chopra, Debbie Ford and Marianne Williamson（HarperCollins, 2010）.
https://debbieford.com/
https://thefordinstitute.com/shadow-work
ディーパック・チョプラ、デビー・フォード、マリアン・ウィリアムソン『シャドウ・エフェクト』佐藤志緒訳、ヴォイス、2011年

心理学の「闇」：
https://en.wikipedia.org/wiki/Shadow_(psychology)

カール・ユング：
https://da.wikipedia.org/wiki/Carl_Gustav_Jung

第三章　信頼する

信頼の定義：
https://da.wikipedia.org/wiki/Tillid
Tillid by Gert Tinggaard Svendsen（Tænkepauser, 2012）.

K・E・ログストラップ：
https://www.kristeligt-dagblad.dk/liv-sj%C3%A6l/i-begyndelsen-er-tilliden

デンマークの元首相：
https://da.wikipedia.org/wiki/Poul_Nyrup_Rasmussen

ピグマリオン効果：
https://thedecisionlab.com/biases/the-pygmalion-effect/

第四章　自由遊び

レフ・ヴィゴツキー：
https://en.wikipedia.org/wiki/Lev_Vygotsky

実践による学び：
https://en.wikipedia.org/wiki/Learning-by-doing

デンマークでインターネットにアクセスできるパーセンテージ：
https://www.dst.dk/Site/Dst/Udgivelser/GetPubFile.aspx?id=29450&sid=itbef2020

アメリカのインターネットのアクセスのパーセンテージ：
https://www.statista.com/statistics/183614/us-households-with-broadband-internet-access-since-2009/

イギリスでは２０２０年に人口の94・62％がインターネットを利用している：
https://www.statista.com/statistics/468663/uk-internet-penetration/

携帯電話のアクセス：
デンマーク　https://mobilabonnement.dk/guides/hvad-er-dit-mobilforbrug-sammenlignet-med-danskernes

アメリカ　https://www.pewresearch.org/internet/fact-sheet/mobile/

イギリスでは７９００万件の携帯電話契約が登録されている：
https://www.statista.com/statistics/468674/mobile-cellular-subscriptions-in-uk/

中国とインド　https://worldpopulationreview.com/country-rankings/cell-phones-by-country

携帯電話の依存：
２０２２年　https://www.reviews.org/mobile/cell-phone-addiction/

アメリカ　https://www.commonsensemedia.org/the-new-normal-infographic

イギリス：https://www.slicktext.com/blog/2019/10/smartphone-addiction-statistics/

インサイト・マネージャー社の報告：

https://www.businessofapps.com/data/tik-tok-statistics/

10億人のTikTokユーザー：

https://www.commonsensemedia.org/sites/default/files/research/report/2019-census-8-to-18-full-report-updated.pdf

デンマーク人のティーンが友人と直接会って過ごす時間の減少：

https://www.sdu.dk/da/sif/ugens_tal/11_2016

ゲーム依存症：

Do you want to raise Happy Children? Parent the Danish Way（Online course, 2019).

第五章　人格形成

デンマークの全学生のほぼ40％がエフタースコーレを利用していた：

https://via.ritzau.dk/pressemeddelelse/rekordstor-andel-tager-efterskole-i-10-klasse-isaer-andelen-blandtunge-med-foraeldre-med-relativt-hoje-indkomsterer-stigende?publisherId=3274962&releaseId=13599285

エフタースコーレ（efterskole）という言葉は、英語に直訳すると「after school」：
https://issuu.com/efterskoleforeningen/docs/dannelse_that_works_web

グルントヴィの教育思想：
'People learn by talking with each other.'
https://www.efterskolerne.dk/

エフタースコーレの歴史と文化的起源：
https://www.efterskolerne.dk/Faglig_viden/Efterskolens_historie_og_vaerdigrundlag
https://www.efterskolerne.dk/English/educationalideas

人格形成：
https://frivillighed.dk/files/media/documents/frivilligrapporter/handout_1_-_folkemoedet_2019_1.pdf
https://frivillighed.dk/guides/6-faktorer-der-motiverer-og-fastholder-frivillige

デンマークは福祉国家：

https://undervisning.deo.dk/gymnasium/danske-vaerdier-i-europa/velfaerdssamfundet/

オ・ヨンホ氏：
https://en.wikipedia.org/wiki/OhmyNews
http://www.ohmynews.com/

N・F・Sグルントヴィ賞：
https://www.altinget.dk/civilsamfund/navnenyt/grundtvigs-pris-2018-gaar-til-sydkoreansk-journalist

第六章　絆を作る

友情のネットワークがメンタルヘルスによい影響を与える：
https://srcd.onlinelibrary.wiley.com/doi/abs/10.1111/cdev.12905
https://www.newportacademy.com/resources/empowering-teens/teen-friendships/

社会的拒絶は身体的苦痛のように感じられる：
https://news.umich.edu/study-illuminates-the-pain-of-social-rejection/

ダニエル・J・シーゲル：
https://greatergood.berkeley.edu/article/item/how_the_teen_brain_transforms_relationships

ダーウィン：
https://da.wikipedia.org/wiki/Survival_of_the_fittest

エズレム・チェキッチ：
https://www.ozlem.dk

ゲイリー・チャップマンの５つの愛の言葉：
https://www.5lovelanguages.com/

ヘレン・フィッシャーの研究：
https://pubmed.ncbi.nlm.nih.gov/16255001/
https://hms.harvard.edu/news-events/publications-archive/brain/love-brain

恋愛の依存性：
https://www.experimentarium.dk/psykologi/forelskelse-kommer-naar-det-er-foraar/

第七章　自分らしさ

エリック・H・エリクソン：

https://www.ncbi.nlm.nih.gov/books/NBK556096/
https://michaelhusen.dk/personlig-og-social-identitet/
「アイデンティティ」という言葉の起源：
https://www.dictionary.com/browse/identity
デンマークの美容整形の変化：
https://heartbeats.dk/unge-under-kniven-for-at-ligne-deres-selfies/
バストは21歳まで成長する：
https://teens.webmd.com/teens-plastic-surgery
セリーヌ・ブラッサール・オルセン：
https://motheringinthenow.com/
ジェンダーの方向性：
https://www.zetland.dk/historie/sOJvGXwv-aOPVJMB3-790c1
世界保健機関（ＷＨＯ）のセクシュアリティの広範な定義：

https://www.who.int/health-topics/sexual-health#tab=tab_1

ジャイヤによる「5つの性の言葉」：
https://missjaiya.com
https://orionsmethod.com/podcast/jaiya-discover-your-desires-through-your-sexual-blueprint/

処方された勃起薬を購入した若者の数：
https://www.tv2ostjylland.dk/oestjylland/kaempe-stigning-saa-mange-unge-bruger-nu-viagra

第八章　「最後通告」を使わない

「国連子どもの権利条約」：
https://www.ohchr.org/en/professionalinterest/pages/crc.aspx

「民主型」と「権威型」の子育て：
https://www.psychologytoday.com/us/blog/thinking-about-kids/201409/authoritative-versus-authoritarian-parenting-style
https://en.wikipedia.org/wiki/Parenting_styles

「タイムアウト」vs.「タイムイン」：

https://time.com/5700473/time-outs-science/
https://www.ahaparenting.com/read/timeouts

デンマークでは体罰が違法：
https://en.wikipedia.org/wiki/Child_corporal_punishment_laws
https://faktalink.dk/titelliste/revs

言葉を「できない」から「できる」に変える：
https://hjernesmart.dk/

「Pyt」という言葉：
https://videnskab.dk/kultur-samfund/sig-pyt-og-forebyg-stress

第九章　責任をともなう自由

アルコール摂取が病気や怪我の原因：
https://www.who.int/news-room/fact-sheets/detail/alcohol

責任をともなう自由：
https://www.folkeskolen.dk/13281/frihed-under-ansvar

http://www.skoleborn.dk/maj_2018/07-saadan-opdrager-foraeldre.html

15歳以上の世界人口の1人あたりのアルコール総消費量：

https://apps.who.int/iris/bitstream/handle/10665/274603/9789241565639-eng.pdf?ua=1

２０１９年に19歳以上のデンマーク人が平均９・５ℓのアルコールを購入した：

https://www.dst.dk/da/Statistik/nyt/NytHtml?cid=30798

「ワイン・オクロック（ワインの時間）」：

https://www.foxbusiness.com/lifestyle/alcohol-consumption-increase-in-us

アルコール総消費量：

中国　https://www.frontiersin.org/articles/10.3389/fpsyt.2020.597826/full

ベラルーシ　https://worldpopulationreview.com/country-rankings/alcohol-consumption-by-country

デンマーク保健医薬品局の２０２０年の報告書：

https://www.sst.dk/-/media/Udgivelser/2020/ESPAD/ESPAD.ashx?la=da&hash=F3FB323794E1FDE180FB3D4B0FC23333A6BF765

デンマーク薬物乱用センター：

デンマーク総合医学会によれば、この質問はＡＵＤＩＴ（アルコール使用障害識別テスト）からのもので、アルコール問題を識別・評価するための最も普及しているスクリーニング手段のひとつである。ＥＳＰＡＤ（アルコールとその他の薬物に関する欧州学校調査プロジェクト）の結果によると、過去30日間にアルコールを使用したと回答したデンマークの学生は、平均５・６回飲酒した。ドイツとキプロスの学生はそれぞれ８・０回と７・５回、スウェーデン、フィンランド、リトアニア、アイスランド、エストニア、ラトビア、ノルウェーの学生は平均４回未満であった。ほとんどの国で、直近１か月に飲酒した男子は女子より多く、ドイツ、セルビア、モンテネグロでは３回以上の差があった。３人に１人（34％）が、大量の飲酒（過去1か月に少なくとも1回、1回に5杯以上のアルコール飲料を飲んだ）と回答した。この飲酒パターンは、デンマーク、ドイツ、オーストリアで多く見られ、49％から59％の学生が報告した。最も少なかったのはアイスランド（７・６％）、次いでコソボ（14％）、ノルウェー（16％）だった。

ＥＳＰＡＤ：

本報告書は、主に欧州35か国（うち25か国は欧州連合加盟国）の学生９万９６４７人から２０１９年に提供された情報に基づいている。ＥＳＰＡＤの７回にわたるデータ収集には70万人近くの学生が参加しており、このプロジェクトは欧州における薬物使用とリスク行動に関する最も広範な調和されたデータ収集となっている。ＥＳＰＡＤデータベースは、ＥＳＰＡＤネットワーク外の研究者も利用可能であり、研究者はアクセスを申請することができる。

https://www.emcdda.europa.eu/system/files/publications/13398/2020.3878_EN_04.pdf

短時間での大量の飲酒：
https://alkohologsamfund.dk/alkopedia/fakta-om-unge-og-alkohol

２０２０年のモニタリング・ザ・フューチャー（ＭＴＦ）調査：
https://www.drugabuse.gov/drug-topics/trends-statistics/monitoring-future

マリファナの使用はデンマークでは２％：
https://socialstyrelsen.dk/nyheder/2019/moveeffektiv-behandling-af-unges-rusmiddelprobleme/om-unge-der-har-et-misbrug

スクリーンタイムと飲酒：
https://www.information.dk/debat/2021/01/danske-drukkultur-hylder-stangstive-fulderik
https://www.emcdda.europa.eu/system/files/publications/13398/2020.3878_EN_04.pdf
https://www.berlingske.dk/aok/dansk-alkoholkultur-er-ikke-som-i-andre-lande-min-generation-var-den-foerste
https://www.sst.dk/~/media/5F28779EEB03442585F1CB199119BEF5.ashx

第十章　共感力

閉経：
https://www.sundhed.dk/borger/patienthaandbogen/kvindesygdomme/sygdomme/hormonbehandling/overgangsalderen/

手放す：
https://sund-forskning.dk/artikler/hjernen-kan-laere-at-give-slip-pa-traumer/
Anita Moorjani, Dying to Be Me
https://www.anitamoorjani.com/

終　章

精神における最も重要な活動は、意識の外で行われていることを示す研究：
Derfor forelsker du dig aldrig i den forkerte by Jytte Vikkelsøe（Gyldendal, 2017）.

幼少期に経験したことが、潜在意識に根差し、カモフラージュされている：
The Self-Aware Universe by Amit Goswami（Tarcher, 1995）.
The Power of Myth by Joseph Campbell（Doubleday, 1988）.

著者紹介

　イーベン・サンダールはデンマークで生まれ、オーフスで育った。後にコペンハーゲンへ転居。教師になり、有資格の心理療法士として個人診療を行う。デンマーク流子育ての伝道者として知られ、親や教師や教育者やリーダーには、子どもが持つ無限の可能性について、新しいビジョンを身につけてもらいたいと願っている。サンダールが価値観のひとつに掲げているのは、「子どもは、自分のペースで成長することが許される安全な子ども時代を過ごし、ありのままの自分でいる権利を持つ」という信念である。

　現在あらゆる地域で幸福度の低下が見られるなか、子どもたちが健康的に社会と関わることができる、心が丈夫な大人へ成長するよう、親や専門家に新たな選択肢や希望を提示し、手助け、支援を行うことを目指している。

　講演やワークショップ、カウンセリングを親や家族だけではなく、公的機関や民間企業にも行っており、そのメソッドは、世界中の何千もの家族や学校、大学や組織に採用されている。

『サイコロジー・トゥデイ』誌に寄稿しているほか、『ワシントン・ポスト』『ハフポスト』『アトランティック』『クオーツ』『ニューヨーク・タイムズ』、カリフォルニア大学バークレー校サイエンスセンターの『グレーター・グッド・マガジン』などでも紹介されている。２人の娘、アイダとジュリーの母でもある。

www.ibensandahl.com

著作他

The Danish Way of Parenting：*What the Happiest People in the World Know About Raising Confident, Capable Kids* by Jessica Joelle Alexander and Iben Dissing Sandahl（2014;Piatkus, 2016）

イーベン・ディシング・サンダール、ジェシカ・ジョエル・アレキサンダー『デンマークの親は子どもを褒めない　世界一幸せな国が実践する「折れない」子どもの育て方』鹿田昌美訳、集英社、２０１７年

Play The Danish Way（Ehrhorn Hummerston, 2017）

Det gør ondt i maven, mor（Gyldendal, 2018）

Do you want to raise Happy Children? Parent the Danish Way（online course, 2019）

Empathy For Children（Erasmus+ Project: Improving the level of key Empathy competences and skills of pupils, also applied to entrepreneurship, 2021）

イーベン・ディシング・サンダール
デンマーク生まれ。心理療法士として、親や家族、公的機関や民間企業に講演やカウンセリングを実施している。著書に『デンマークの親は子どもを褒めない　世界一幸せな国が実践する「折れない」子どもの育て方』など。

鹿田昌美（しかた　まさみ）
翻訳家。国際基督教大学卒業。訳書に『デンマークの親は子どもを褒めない　世界一幸せな国が実践する「折れない」子どもの育て方』『フランスの子どもは夜泣きをしない――パリ発「子育て」の秘密――』など多数。

デンマーク流《りゅう》ティーンの育《そだ》て方《かた》

集英社新書一二〇九E

二〇二四年四月二二日　第一刷発行

著者……イーベン・ディシング・サンダール
訳者……鹿田昌美《しかたまさみ》
発行者……樋口尚也
発行所……株式会社集英社
東京都千代田区一ツ橋二-五-一〇　郵便番号一〇一-八〇五〇
電話　〇三-三二三〇-六三九一（編集部）
〇三-三二三〇-六〇八〇（読者係）
〇三-三二三〇-六三九三（販売部）書店専用

装幀……原　研哉
印刷所……TOPPAN株式会社
製本所……加藤製本株式会社
定価はカバーに表示してあります。

ISBN 978-4-08-721309-6 C0230
Printed in Japan

集英社新書　好評既刊

教育・心理——E

性同一性障害　吉永みち子
ホンモノの文章力　樋口裕一
感じない子ども　こころを扱えない大人　袰岩奈々
大学サバイバル　古沢由紀子
語学で身を立てる　猪浦道夫
ホンモノの思考力　樋口裕一
共働き子育て入門　普光院亜紀
世界の英語を歩く　本名信行
かなり気がかりな日本語　野口恵子
人はなぜ逃げおくれるのか　広瀬弘忠
悲しみの子どもたち　岡田尊司
行動分析学入門　杉山尚子
就職迷子の若者たち　小島貴子
日本語はなぜ美しいのか　黒川伊保子
「人間力」の育て方　堀田力
「やめられない」心理学　島井哲志
外国語の壁は理系思考で壊す　杉本大一郎
メリットの法則　行動分析学・実践編　奥田健次
「謎」の進学校　麻布の教え　神田憲行
孤独病　寂しい日本人の正体　片田珠美
「文系学部廃止」の衝撃　吉見俊哉
口下手な人は知らない話し方の極意　野村亮太
受験学力　和田秀樹
名門校「武蔵」で教える東大合格より大事なこと　おおたとしまさ
「本当の大人」になるための心理学　諸富祥彦
「コミュ障」だった僕が学んだ話し方　吉田照美
TOEIC亡国論　猪浦道夫
「考える力」を伸ばす　AI時代に活きる幼児教育　久野泰可
保護者のための　いじめ解決の教科書　阿部泰尚
大学はもう死んでいる?　苅谷剛彦　吉見俊哉
「生存競争《サバイバル》」教育への反抗　神代健彦
毒親と絶縁する　古谷経衡
子どもが教育を選ぶ時代へ　野本響子

a pilot of wisdom

僕に方程式を教えてください　高橋一雄／瀬山士郎／村尾博司

不登校でも学べる　おおたとしまさ

ルポ　無料塾「教育格差」議論の死角　おおたとしまさ

なぜ東大は男だらけなのか　矢口祐人

文芸・芸術――F

音楽で人は輝く	樋口裕一
オーケストラ大国アメリカ	山田真一
証言 日中映画人交流	劉　文兵
荒木飛呂彦の奇妙なホラー映画論	荒木飛呂彦
あなたは誰？ 私はここにいる	姜　尚中
フェルメール 静けさの謎を解く	藤田令伊
司馬遼太郎の幻想ロマン	磯貝勝太郎
GANTZなSF映画論	奥　浩哉
池波正太郎「自前」の思想	佐高　信 田中優子
世界文学を継ぐ者たち	早川敦子
あの日からの建築	伊東豊雄
至高の日本ジャズ全史	相倉久人
荒木飛呂彦の超偏愛！映画の掟	荒木飛呂彦
水玉の履歴書	草間彌生
ちばてつやが語る「ちばてつや」	ちばてつや
日本映画史110年	四方田犬彦
読書狂《ビブリオマニア》の冒険は終わらない！	三上　延 倉田英之
文豪と京の「庭」「桜」	海野泰男
アート鑑賞、超入門！ 7つの視点	藤田令伊
なぜ『三四郎』は悲恋に終わるのか	石原千秋
荒木飛呂彦の漫画術	荒木飛呂彦
世阿弥の世界	増田正造
ヤマザキマリの偏愛ルネサンス美術論	ヤマザキマリ
テロと文学 9・11後のアメリカと世界	上岡伸雄
漱石のことば	姜　尚中
「建築」で日本を変える	伊東豊雄
子規と漱石 友情が育んだ写実の近代	小森陽一
安吾のことば「正直に生き抜く」ためのヒント	藤沢　周 編
いちまいの絵 生きているうちに見るべき名画	原田マハ
松本清張「隠蔽と暴露」の作家	高橋敏夫
私が愛した映画たち	吉永小百合 取材・構成 立花珠樹
タンゴと日本人	生明俊雄
源氏物語を反体制文学として読んでみる	三田誠広

a pilot of wisdom

堀田善衞を読む 世界を知り抜くための羅針盤　池澤夏樹ほか
三島由紀夫 ふたつの謎　大澤真幸
慶應義塾文学科教授 永井荷風　末延芳晴
レオナルド・ダ・ヴィンチ ミラノ宮廷のエンターテイナー　斎藤泰弘
モーツァルトは「アマデウス」ではない　石井宏
「井上ひさし」を読む 人生を肯定するまなざし　小森陽一 成田龍一 編著
百田尚樹をぜんぶ読む　杉田俊介 藤田直哉
北澤楽天と岡本一平 日本漫画の二人の祖　竹内一郎
音楽が聴けなくなる日　宮台真司 永田夏来 かがりはるき
谷崎潤一郎 性慾と文学　千葉俊二
英米文学者と読む「約束のネバーランド」　戸田慧
苦海・浄土・日本 石牟礼道子 もだえ神の精神　田中優子
万葉百歌 こころの旅　松本章男
拡張するキュレーション 価値を生み出す技術　暮沢剛巳
最後の文人 石川淳の世界　田中優子 小林ふみ子ほか
職業としてのシネマ　髙野てるみ
演劇入門 生きることは演じること　鴻上尚史

ドストエフスキー 黒い言葉　亀山郁夫
完全解説ウルトラマン不滅の10大決戦　古谷敏 やくみつる 佐々木徹
文豪と俳句　岸本尚毅
EPICソニーとその時代　スージー鈴木
ショパン・コンクール見聞録　青柳いづみこ
市民オペラ　石田麻子
新海誠 国民的アニメ作家の誕生　土居伸彰
書く力 加藤周一の名文に学ぶ　鷲巣力
死ぬまでに知っておきたい日本美術　山口桂
「鬱屈」の時代をよむ　今野真二
ゲームが教える世界の論点　藤田直哉
シャンソンと日本人　生明俊雄
永遠の映画大国 イタリア名画120年史　古賀太
江戸の芸者 近代女優の原像　赤坂治績
反戦川柳人 鶴彬の獄死　佐高信
ハリウッド映画の終焉　宇野維正
死後を生きる生き方　横尾忠則

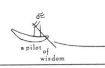